Benutzungshinweis

Orientierungssystem

Eine **Liste der im Buch beschriebenen Örtlichkeiten** wie Sehenswürdigkeiten, Restaurants, Hotels, Cafés, Infostellen befindet sich auf Seite 141.

zur schnelleren Orientierung tragen alle Hauptsehenswürdigkeiten und Lokalitäten sowohl im Text als auch im Kartenmaterial die gleiche Nummer:

18 Mit einer fortlaufenden magentafarbenen Nummer sind die Hauptsehenswürdigkeiten gekennzeichnet. Steht die Nummer im Fließtext, verweist sie auf die Beschreibung dieser Sehenswürdigkeit im Kapitel „Kopenhagen entdecken".

●109 Mit Symbol und fortlaufender Nummer werden die sonstigen Lokalitäten wie Cafés, Geschäfte, Hotels, Infostellen usw. gekennzeichnet.

❯ Die farbige Linie markiert den Verlauf des Stadtspaziergangs (s. S. 8).

[E4] In eckigen Klammern steht das Planquadrat im Kartenmaterial, in diesem Beispiel Planquadrat E4.

Ortsmarken ohne Angabe des Planquadrats liegen außerhalb unserer Karten. Sie können aber wie alle Örtlichkeiten in unseren speziellen Luftbildkarten auf der Produktseite dieses Buches unter www.reise-know-how.de oder direkt unter http://ct-kopenhagen14.reise-know-how.de lokalisiert werden.

Bewertung der Sehenswürdigkeiten

★★★ auf keinen Fall verpassen
★★ besonders sehenswert
★ wichtige Sehenswürdigkeit für speziell interessierte Besucher

Vorwahlen

❯ Dänemark: Tel. 0045
❯ Deutschland: Tel. 0049
❯ Österreich: Tel. 0043
❯ Schweiz: Tel. 0041

Bei nationalen Gesprächen innerhalb Dänemarks, egal ob zu Handys oder Festnetzanschlüssen, wählt man die achtstellige Rufnummer ohne weitere Vorwahlnummern.

Bildnachweis

Die Kürzel an den Abbildungen stehen für folgende Fotografen, Firmen und Einrichtungen. Wir bedanken uns für die freundliche Abdruckgenehmigung.

Titel und Id	Lars Dörenmeier (Autor)
cmc	Copenhagen Media Center
mw	Meike Wanning

Impressum

Lars Dörenmeier

CityTrip Kopenhagen

erschienen im
REISE KNOW-HOW Verlag Peter Rump GmbH,
Osnabrücker Str. 79, 33649 Bielefeld

© REISE KNOW-HOW Verlag
  Peter Rump GmbH 2012
**2. neu bearbeitete und komplett
  aktualisierte Auflage September 2013**
Alle Rechte vorbehalten.

ISBN 978-3-8317-2408-6
PRINTED IN GERMANY

Herausgeber: Klaus Werner
Lektorat: amundo media GmbH
Layout: Klaus Werner (Umschlag),
  amundo media GmbH (Inhalt)
Karten: Ingenieurbüro B. Spachmüller,
  amundo media GmbH
Druck und Bindung: Media-Print, Paderborn
Fotos: siehe Bildnachweis S. 5
Anzeigenvertrieb: KV Kommunalverlag
  GmbH & Co. KG, Alte Landstraße 23,
  85521 Ottobrunn, Tel. 089 928096-0,
  info@kommunal-verlag.de

Dieses Buch ist erhältlich in jeder Buch-
handlung Deutschlands, der Schweiz,
Österreichs, Belgiens und der Niederlande.
Bitte informieren Sie Ihren Buchhändler
über folgende Bezugsadressen:
  Deutschland: Prolit GmbH, Postfach 9,
  D-35461 Fernwald (Annerod)
  sowie alle Barsortimente
  Schweiz: AVA Verlagsauslieferung AG,
  Postfach 27, CH-8910 Affoltern
  Österreich: Mohr Morawa Buchvertrieb
  GmbH, Sulzengasse 2, A-1230 Wien
  Niederlande, Belgien: Willems
  Adventure, www.willemsadventure.nl
Wer im Buchhandel kein Glück hat,
bekommt unsere Bücher auch über
unseren Büchershop im Internet:
www.reise-know-how.de

Alle Informationen in diesem Buch sind
vom Autor mit größter Sorgfalt gesammelt
und vom Lektorat des Verlages gewissen-
haft bearbeitet und überprüft worden.
Da inhaltliche und sachliche Fehler nicht
ausgeschlossen werden können, erklärt
der Verlag, dass alle Angaben im Sinne
der Produkthaftung ohne Garantie erfolgen
und dass Verlag wie Autor keinerlei
Verantwortung und Haftung für inhaltliche
und sachliche Fehler übernehmen.
Die Nennung von Firmen und ihren
Produkten und ihre Reihenfolge sind als
Beispiel ohne Wertung gegenüber anderen
anzusehen. Qualitäts- und Quantitätsan-
gaben sind rein subjektive Einschätzungen
des Autors und dienen keinesfalls der
Bewerbung von Firmen oder Produkten.

Wir freuen uns über Kritik, Kommentare
und Verbesserungsvorschläge:
info@reise-know-how.de

Latest News

Unter **www.reise-know-how.de**
werden aktuelle Ergänzungen und
Änderungen der Autoren und Leser
zum vorliegenden Buch bereitgestellt.
Sie sind auf der Produktseite dieses
CityTrip-Titels abrufbar.

www.reise-know-how.de

› Ergänzungen nach Redaktionsschluss
› kostenlose Zusatzinfos und Downloads
› das komplette Verlagsprogramm
› aktuelle Erscheinungstermine
› Newsletter abonnieren

Verlagsshop mit Sonderangeboten

Auf ins Vergnügen

001kn Abb.: ld

Kopenhagen an einem Wochenende

Auch wenn Kopenhagen die mit Abstand größte Stadt des dänischen Königreiches ist, so ist das Zentrum der Kapitale doch gut per pedes zu erkunden. Und wem die Füße am Nachmittag zu schmerzen beginnen, der springt einfach in einen der gelben Stadtbusse oder fährt eine oder zwei Stationen mit der topmodernen Metro.

1. Tag: Spaziergang durch das Zentrum

Vormittags

Das Herz der Stadt ist der großzügige **Rathausplatz** mit dem imposanten **Rathaus** ❸. Von diesem Punkt der Hauptstadt aus werden alle Distanzen in den Rest des Landes gemessen. Ob politische Kundgebungen oder sportliche Jubelfeiern – das große Areal ist die größte öffentliche Ver-

◁ *Vorseite: Der Nyhavn* ⓰ *lädt zum Flanieren und Dinieren ein*

▽ *Hafen und moderne Architektur bilden eine faszinierende Einheit*

sammlungsfläche Dänemarks. Aber auch wenn nicht demonstriert oder gefeiert wird, bestimmen viele Menschen und geschäftiges Treiben das Geschehen. Wie man an den Karussells und Fahrgeschäften unschwer erkennen kann, erstreckt sich westlich des Platzes der traditionsreiche, aber immer noch moderne **Vergnügungspark Tivoli** ❶. An der östlichen Seite beginnt die längste Fußgängerzone der Welt: Die **Strøget** ❹ ist schon zu einem eigenen Wahrzeichen Kopenhagens geworden und kaum ein Besucher lässt sich einen Spaziergang auf „dem Strich" entgehen. Geschäft an Geschäft und Boutique an Boutique reihen sich hier auf über einem Kilometer Länge eng aneinander. Direkt daneben befinden sich an der hochfrequentierten Fußgängerzone aber auch historische Kirchen wie die **Heiliggeistkirche** ❻ oder – wenige Meter abseits – die **Frauenkirche** ❺, Cafés und kleine Restaurants. Für die wunderschönen Fassaden rund um den Storkespringvandet, den „Storchenspringbrunnen" am **Amagertorv** ❽, sollte man die Augen einmal von den Schaufensterauslagen heben. Linker Hand zweigt hier die Købmagergade, ein

weiteres Shoppingparadies, ab. Folgt man der Straße etwa fünf Minuten, erhebt sich vor einem ein rundlicher Backsteinturm, der **Runde Turm** ❾. Aus über 30 Metern Höhe hat man einen einzigartigen Blick über die Dächer der Stadt. Nach dem Aufstieg, der nicht über eine Treppe, sondern einen spiralförmigen Aufgang stattfindet, braucht der Körper dringend frische Energie. Zwei Steinwürfe vom Runden Turm entfernt – man biegt von der Købmagergade in Richtung Süden gehend in die Løvstræde ab – befindet sich der **Gråbrødretorv** ❼. Rund um diesen gemütlichen Platz buhlen diverse gastronomische Angebote um die Gunst der hungrigen Stadtflanierer.

Nachmittags

Nach der Stärkung geht es wieder Richtung Süden und nachdem man den Amagertorv ❽ überquert hat, erblickt man am Ende des Højbro Plads [C5] das grünliche **Bronzedenkmal des reitenden Bischofs Absalon**, dem Stadtgründer. Auf der anderen Seite des kleinen Kanals erhebt sich auf seiner eigenen Insel namens Slotsholmen das mächtige **Schloss Christiansborg** ⓫, der Sitz des dänischen Parlaments. Auf Slotsholmen gibt es neben dem Parlament auch eine Viel-

Routenverlauf im Stadtplan
Der hier beschriebene Spaziergang ist mit einer farbigen Linie im Stadtplan eingezeichnet.

zahl an attraktiven Besichtigungsmöglichkeiten. Ob man das **Thorvaldsens Museum** ❿ (Skulpturenkunst), das **Jüdische Museum** (s. S. 39), das **Königliche Zeughausmuseum** (s. S. 39) mit Exponaten aus 500 Jahren dänischer Militärgeschichte, die alte **Börse** ⓭ oder den modernen Neubau **Den Sorte Diamant (Schwarzer Diamant)** ⓬ der Königlichen Bibliothek besichtigen möchte, muss man je nach Interessenslage entscheiden. Über die Børsbroen verlässt man die Insel Slotsholmen anschließend wieder und biegt rechts in die Havngade ab.

Folgt man anschließend 10 bis 15 Minuten der Uferpromenade Richtung Norden, wird man an der Ecke Havnegade/Nyhavn mit einer der berühmtesten Ansichten Kopenhagens belohnt: dem Stichkanal **Nyhavn** ⓰ mit seinen historischen Schiffen und Booten, die dort fest am Kai vertäut sind. Man flaniert den Kanal an der südlichen Seite entlang und erreicht an seinem Ende mit dem **Kongens**

006no Abb.: mw

Nytorv ⑭ das nächste Highlight. Der von historischen Häusern gesäumte Platz bietet nicht nur für Architekturfans das volle Programm, auch unterirdisch ist hier einiges los: Eine der größten Metrostationen der Stadt garantiert eine vorbildliche Anbindung an den öffentlichen Nahverkehr. Ab 2018 soll er außerdem als großer Knotenpunkt die bestehenden Metrolinien an die neue Ringlinie (s. S. 55) anbinden. Am Ende des Kanals legen auch die flachen Boote für die **Hafenrundfahrt** (s. S. 122) ab – eine erstklassige Möglichkeit, um die Stadt vom Wasser aus zu erkunden. An der nördlichen Seite von Nyhavn, der Sonnenseite, wartet eine kaum zu widerstehende Verlockung in Form von Cafés und Restaurants und im Sommer tobt hier das Leben.

Seit 2008 prägt ein spannender Neubau das nördliche Ende Nyhavns. Das **Schauspielhaus** ⑰, das man als Fußgänger sehr schön auf einem breiten Holzsteg umwandern kann, ist ein weiterer Meilenstein auf dem Weg zur kulturellen Metropole Kopenhagen. Wenige Meter weiter den Kai entlang stößt man auf das für Touristen wie auch für dänische Royalisten wohl bedeutendste Architekturensemble. Etwas vom Hafen zurückversetzt öffnet sich ein weiter, mit Kopfsteinpflaster versehener Platz: der Schlossplatz von **Amalienborg** ⑱, dem offiziellen Sitz von Königin Margrethe II., die rund um die Uhr von den festlich uniformierten Soldaten der Königlichen Wache beschützt wird. In der Verlängerung der Hafen-Schloss-Achse erhebt sich mit der **Marmorkirche** ⑲ der größte Sakralbau der Stadt. Folgt man der Bredgade Richtung Süden, erreicht man nach wenigen Minuten Fußweg wieder den Kongens Nytorv mit Bänken

zum Ausruhen und der unterirdischen Metrostation als Anbindung an den öffentlichen Nahverkehr.

Abends

Wenn man am Abend von dem Spaziergang nicht zu müde ist, sollte man unbedingt den **Tivoli** ① besuchen. Auch wer kein Freund von Jahrmärkten oder Vergnügungsparks ist, kommt hier auf seine Kosten. Eine Vielzahl an Attraktionen, Fahrgeschäften, Bühnen und Shows bieten (in der Saison!) jeden Abend erstklassige Unterhaltung. Für das leibliche Wohl ist ebenfalls gesorgt: Bei fast 50 gastronomischen Angeboten von Sushi bis Pfannkuchen und von Hamburger bis Steakhouse ist für jeden Geschmack etwas dabei.

2. Tag: Die Hafenstadt Kopenhagen

Vormittags

Das **Kastell** ㉓ stellt den ältesten, fast noch komplett erhaltenen Teil der Kopenhagener Stadtbefestigung dar. Innerhalb des Wassergrabens und hinter den Erdwällen hat noch heute die dänische Armee das Kommando, aber inzwischen dürfen Fußgänger und Radfahrer die historischen Kasernen besichtigen und das Areal betreten bzw. befahren. Unweit des Kastells, an der Langelinie, hockt seit 100 Jahren die berühmteste Dänin aller Zeiten. Die **Kleine Meerjungfrau** ㉔ sitzt – den Touristenströmen aus aller Welt sei Dank – gar nicht verlassen auf ihrem Felsen im Kopenhagener Hafenwasser. Ein ernstes Thema wird im Freiheitsmuseum (s. S. 39) einige Hundert Meter weiter südlich behandelt: die deutsche Besetzung Dänemarks von

1940 bis 1945. Am Pier Nordre Told-
bod, zwischen Meerjungfrau und Freiheitsmuseum gelegen, fahren die gelben **Wasserbusse**, ungewöhnlicher
Bestandteil des regulären öffentlichen Nahverkehrs, ab. Für wenige
Kronen setzt man mit ihnen auf die
andere Hafenseite über und kommt
somit in den Genuss einer Hafenrundfahrt für kleines Geld. Der zweite
Stopp des Wasserbusses lautet dann
auch gleich „Operaen". Das Gebäude der Kopenhagener **Oper** 29 mit ihrem ausladenden Dach wirkt aus der
Nähe noch gigantischer.

Nachmittags

Von der Oper auf der Halbinsel Holmen aus ist es nicht weit bis zum
quirligen und lebendigen Stadtteil
Christianshavn. Berühmt oder be-
rüchtigt – je nach Standpunkt – ist
der alternative **Freistaat Christiania** 28. Die ehemalige (oder immer
noch) Hippiekommune ist besonders
bei jüngeren Besuchern populär, aber
auch ältere Semester müssen sich
nicht zieren. Hier ist Platz für jeden
und die preiswerten Imbisse und Restaurants lohnen eine Pause.

Im Zentrum von Christianshavn fun-
kelt es dann gülden. Die in sich ver-
drehte Kirchturmspitze der **Erlöserkirche** 27 ist vergoldet. Der Aufstieg, der
mit einem unglaublichen Weitblick
honoriert wird, ist jedoch nur etwas
für Leute ohne Höhenangst.

▷ *Kühn ragt die Erlöserkirche* 27
in den Himmel von Christianshavn

Das gibt es nur in Kopenhagen

> *Die absolute kulinarische Spezialität sind die **knallroten Hotdogs**, die es an den vielen mobilen Wurstbuden („pølsevogn") direkt auf die Hand gibt und die aussehen, als würden sie nachts sogar leuchten (s. S. 74).*

> *Eine **kettenrauchende Monarchin**, die von ihren Landsleuten geliebt wird und die alljährlich mit ihrer Neujahrsansprache das ganze Land vor dem Fernseher versammelt und die Einschaltquote auf Rekordwerte treibt.*

> *In der unterirdischen **Metro auf der Fahrerposition sitzen:** Die Züge sind fahrerlos und nicht nur bei ARD und ZDF sitzt man in der ersten Reihe.*

> *Im **Freistaat Christiania** 28 neben Haschisch rauchenden Dänen (oder Touristen) sitzen und keine Angst vor der Polizei zu haben.*

> ***Tanzende Hebammen** auf dem Amagertorv* 8 *: Zur Feier ihrer bestandenen Ausbildung tanzen die weiß bekittelten Damen um den Storchenbrunnen.*

> *Das **beste Restaurant der Welt:** 2012 wurde das Noma zum dritten Mal in Folge zur weltweiten Nr. 1 gekürt (s. S. 29).*

Entlang des romantisch-illustren **Christianshavn-Kanals** kann man nun schön flanieren und diverse Einkehrmöglichkeiten, oft auch mit Tischen und Stühlen direkt am Wasser, bieten Entlastung für die Füße und einen tollen Ausblick.

Rund um die südöstliche Seite von Christianshavn erstreckt sich der alte **Stadtgraben** 26 , ehemals die Verteidigungslinie des Viertels. Heute ist er eine wasserreiche grüne Oase, die Jogger wie Spaziergänger gleichermaßen anzieht. Direkt an der Langbro, die den Kopenhagener Hafen überspannt, schließt sich **Islands Brygge** 25 mit seiner schrägen Mischung aus alter industrieller Bausubstanz und postmodernen Architekturentwürfen an. Und wer die Badehose dabei hat, kann im Sommer sogar vom markanten rot-weißen Sprungturm des angeschlossenen Meeresschwimmbades ins Hafenwasser eintauchen.

Abends

Kulinarisch und kulturell kann man so einen ereignisreichen Tag im **ehemaligen Schlachthofviertel** (**Kødbyen**, s. S. 36) in Vesterbro hervorragend abschließen. Gute Restaurants und Bars, teilweise mit Tanzfläche, sorgen dann auch beim aktivsten Touristen für die nötige Bettschwere.

Zur richtigen Zeit am richtigen Ort

Der Veranstaltungskalender Kopenhagens ist jedes Jahr aufs Neue prall gefüllt. Die folgenden alljährlichen Veranstaltungen ragen aus dem breiten Angebot heraus und sind definitiv einen Besuch wert.

Frühling

> Cineasten sollten sich den April im Kalender anstreichen: mehr als 160 Filmproduktionen, Dokumentar- wie auch Spielfilme, von Newcomern und

EXTRATIPP

Copenhagen Card

Ein attraktives Angebot für aktive Besucher der Stadt stellt die Copenhagen Card dar, die es wahlweise für 24, 48, 72 oder 120 Stunden gibt. Mit ihr kann man die bedeutendsten **Museen** besuchen, die populären **Hafenrundfahrten** genießen, eine **Stadtrundfahrt** mit dem Bus absolvieren, die **öffentlichen Verkehrsmittel** nutzen, bis man sich schon fast persönlich wie ein Busfahrer fühlt, oder einfach mal im Vergnügungspark **Tivoli** die Puppen tanzen lassen – alle diese Attraktionen und Fahrmöglichkeiten sind für den Kartenbesitzer kostenfrei!

Informationen über alle Vergünstigungen erhält man im **Copenhagen Visitor Centre** (s. S. 110), wo man die Karte auch erstehen kann. Außerdem gibt es sie in ausgewählten Hotels, bei Touristenattraktionen oder an den Verkaufsschaltern der Dänischen Staatsbahn. Weitere Infos findet man unter www.copenhagencard.dk.

❯ **Preis:** Erwachsene: 299/449/529/ 749 kr (24/48/72/120 Std.); Kinder von 10–15 Jahren 159/199/239/ 349 kr (24/48/72/120 Std.), zwei Kinder unter zehn Jahren in Begleitung eines erwachsenen Karteninhabers kostenlos. Interessant ist auch die Möglichkeit, z. B. den 24-Stunden-Pass auf zwei Tage zu verteilen. Beginnt man sein Besichtigungsprogramm an Tag 1 um 14 Uhr, so kann man den Pass bis 13.59 Uhr am darauffolgenden Tag nutzen. Die Uhr läuft also von dem Zeitpunkt der ersten Benutzung an 24, 48, 72 oder 120 Stunden rückwärts.

---

alten Regisseurhasen werden während des zweiwöchigen **Filmfestivals CPH PIX** in den Lichtspielhäusern der Stadt gezeigt. Alle Informationen zu Regisseuren, Schauspielern, Filmen und Spielstätten finden sich unter www.cphpix.dk.

❯ Am 16. April ist der Schlossplatz von Amalienborg alljährlich von Menschenmassen bevölkert. Königin **Margrethe** zelebriert dann nämlich ihren **Geburtstag** (16.4.1940) und zeigt sich ihren Untertanen winkend vom Balkon aus.

❯ Im Norden passt man sich den klimatischen Bedingungen an, deshalb fei-

EXTRATIPP

Termine

Den **Veranstaltungskalender** des Kopenhagener Fremdenverkehrsamtes mit tagesaktuellen Terminen kann man unter www.visitcopenhagen.de einsehen („Sehen und Erleben"/ „Veranstaltungen").

ern die Kopenhagener ihren **Karneval** auch erst zu Pfingsten. Im Mai (bzw. Juni) eines jeden Jahres findet dann der große Umzug statt. Dabei wird am Pfingstsamstag die Fußgängerzone Strøget zwischen dem Gammeltorv/Nytorv und dem Kongens Nytorv zur größten Bühne der Stadt. Abgerundet wird die Festivität, die 2013 wegen finanzieller Probleme fast abgesagt worden wäre, mit einem abendlichen Fest in und vor der Zentrale des Dänischen Rundfunks „DR Byen" im Stadtteil Ørestad. Infos unter www.cphcarnival.com.

❯ 80 € Startgebühr, mehr als 10.000 Teilnehmer und 42.195 m sind die Eckwerte des **Copenhagen Marathon**, der alljährlich Mitte Mai stattfindet. Da Teile der Route mehrfach gelaufen werden, können die Zuschauer den Läufern wiederholt zujubeln, ohne ihren Standort wechseln zu müssen. Anmeldungen oder weiterführende Informationen unter www.copenhagenmarathon.dk.

Sommer

❯ Rund um den ersten Samstag im Juni findet in fünf Kopenhagener Stadtteilen ein fünftägiges Dance-, Elektro- und Undergroundfestival statt. Tagsüber ist das Geschehen auf den Bühnen in den Straßen der Stadt zu finden und abends wandern die Aktivitäten des **Copenhagen Distortion** dann in die Klubs und anderen Nightlifelokalitäten weiter. Bis zu 100.000 Feierfreudige nehmen pro Tag an der gigantischen Straßenparty teil. Weitere Informationen unter www.cphdistortion.dk.

❯ Am 23. Juni feiern die Dänen ihre Johannisnacht, die hier aber **Sankt Hans** genannt wird. Meist in der Nähe einer Wasserfläche wird dann ein großes Feuer entzündet und das Ereignis mit einer Rede, Musik und Getränken abgerundet. In der Stadt selbst findet das lodernde Ereignis am Peblinge Sø (dem mittleren der drei Seen ㊱) auf einer schwimmenden Plattform in Nyhavn ⓰ an der Straße Christians Brygge in der Nähe der Brücke Langbro und im Fælledparken (s. S. 43) statt. Zumeist wird das Feuer gegen 22 Uhr feierlich entzündet.

❯ Die erste Julihälfte steht ganz im Zeichen der Jazzmusik. Seit 1979 beginnt das zehntägige **Jazzfestival** immer am ersten Freitag im Juli und endet am übernächsten Sonntag. Internationale Jazzgrößen spielen auf insgesamt über 100 Bühnen innerhalb der Stadt mehr als 1000 Konzerte – eines der größten Ereignisse des Jahres mit vielen ausländischen Besuchern. Unter www.jazz.dk erfährt man mehr über Interpreten und Spielstätten.

❯ Ein **Hafenfestival** der besonderen Art ist die dreitägige Veranstaltung **Kulturhavn,** die jährlich Anfang August rund um den Kopenhagener Hafen organisiert wird. In drei Arealen des Hafens, mit dem Aktivitätszentrum auf Islands Brygge ㉕, finden sportlich-kulturelle Vorführungen und Shows statt. Ob lateinamerikani-

008kn Abb.: cmc/Jonas Pryner

sche Tänze, Kajakpolo oder ostasiatische Kampfkunst – das Programm ist breit gefächert und global ausgerichtet. Über die Veranstaltungsbühnen und das Programm klärt die Website www.kultur havn.dk auf.

› Der Rathausplatz ist das unbestrittene Herz des **Copenhagen Pride,** einer fünftägigen Veranstaltung der Schwulen, Lesben, Bi- und Transsexuellen Dänemarks, die alljährlich Mitte August zelebriert wird. Die Festivität ist so farbenfroh und ausgesprochen lebendig, dass man leicht den gesellschaftspolitischen Hintergrund vergisst. Den Höhepunkt stellt die Parade am Veranstaltungssamstag dar, wenn Tausende Teilnehmer tanzend vom Frederiksberger zum Kopenhagener Rathaus ziehen. Details unter www. copenhagenpride.dk.

Herbst

› Ende September wird Kopenhagen für fünf Tage zur Blueshauptstadt Europas. Beim **Blues Festival Copenhagen** gibt es mehr als 50 Gigs, bei denen auf verschiedenen Bühnen im Stadtgebiet feinste Bluesmusik zum Besten gegeben wird. Einzelheiten unter www.copen hagenbluesfestival.dk.

› An einem Freitag Mitte Oktober öffnen mehr als 250 Institutionen wie Museen, Theater, Bibliotheken, Kirchen, Ministerien usw. ihre Türen für die Allgemeinheit: die **Kulturnacht** steht auf dem Programm. Der neugierige Besucher kann dann aus über 500 Veranstaltungen das Passende für sich auswählen. Der Kultur-Pass, der freien Eintritt und die kos-

◁ *Der Veranstaltungskalender der dänischen Hauptstadt ist prall gefüllt. In den Sommermonaten locken viele Freiluftveranstaltungen.*

Dänische Feiertage

› *Neujahr*
› *Gründonnerstag*
› *Karfreitag*
› *Ostermontag*
› *Buß- und Bettag*
› *Christi Himmelfahrt*
› *Pfingstmontag*
› *Verfassungstag (5. Juni, alle Banken und viele Geschäfte haben geschlossen)*
› *Heiligabend (viele Geschäfte haben bereits Weihnachtspause)*
› *Erster und zweiter Weihnachtsfeiertag*
› *Silvester (viele Geschäfte öffnen nicht)*

tenlose Benutzung der öffentlichen Verkehrsmittel umfasst, kostet 90 kr (Kinder unter 12 Jahren gratis) und ist bei allen teilnehmenden Institutionen und an den meisten S-Bahn-Stationen erhältlich. Weitere Infos unter www. kulturnatten.dk.

Winter

› Einen Vorgeschmack auf das dänische Weihnachtsfest erhält man ab Mitte November beim **Jul i Tivoli** (Weihnachtsfest im Tivoli ❶). Oft steht dabei ein besonderes Motto oder ein Land im Mittelpunkt der Feierlichkeiten. Dänische Weihnachtsspezialitäten und Bräuche werden jedoch auf jeden Fall präsentiert. Infos unter www.tivoli.dk.

› Nicht nur im Sommer, sondern auch im Winter wird in Dänemark gejazzt! Beim zweiwöchigen **Winterjazz,** der in der ersten Februarhälfte startet, wird auch in Kopenhagen kräftig aufgespielt. Infos zu Auftritten und Spielstätten unter www.jazz.dk.

Kopenhagen für Citybummler

Der Stadtkern Kopenhagens ist hervorragend für eine Erkundung zu Fuß geeignet. Die vorbildlichen öffentlichen Verkehrsmittel machen aber auch die Erkundung angrenzender Quartiere zu einem angenehmen und leicht zu organisierenden Vergnügen.

Kaum ein Besucher der dänischen Hauptstadt wird sich das **historische Stadtzentrum** zwischen **Rathausplatz ❸** und **Kongens Nytorv ⓮** /**Nyhavn ⓰** entgehen lassen. Die breite Fußgängerzone **Strøget ❹** verbindet diese Eckpunkte des urbanen Treibens und die **Insel Slotsholmen** kann mit **Schloss Christiansborg ⓫**, dem Parlamentssitz, und einer Handvoll spannender **Museen** punkten. Der Flaneur sollte seine Schritte aber auch einmal in die engen Seitenstraßen der Einkaufsmeile Strøget lenken. Die Belohnung sind tolle Stadtansichten, spezielle Boutiquen und Geschäfte sowie spannende Cafés und Mini-Restaurants.

Die Metrostation **Christianshavn** ist ein hervorragender Startpunkt für die Erkundung des gleichnamigen Stadtviertels (s. S. 87). Das Bild des vormals von Kaufleuten bewohnten Quartiers wurde über viele Jahre von Lagerhäusern und den riesigen, unzugänglichen Arealen, die von der Armee in Beschlag genommen worden waren, dominiert. Bis auf den nördlichen Teil der Insel – Christianshavn ist auf allen Seiten von Wasser umgeben –, der noch immer von der Marine genutzt wird, hat die Zivilgesellschaft heute das Stadtviertel übernommen. Die Lager und Schuppen wurden in Wohnhäuser und Geschäftsräume umgewandelt und in

den schmalen Gassen tummeln sich die Menschen. Die **historischen Fassaden** wurden bewahrt und renoviert und bieten heute ein tolles Stadtpanorama. An fast jeder Ecke findet man in den Sommermonaten Tische und Stühle auf dem Trottoir und bei Sonnenschein ist es oft schwer, einen Platz zu finden. Wie mit einem Lineal gezogen verläuft der **Christianshavn-Kanal** mitten durch das Viertel. Der zum Warentransport angelegte Kanal bietet tolle Fotoperspektiven: Rechts und links der Fahrrinne liegen unzählige Segelboote, Wohnschiffe, hölzerne Oldtimer und kleine Paddelboote fest vertäut am Kai. Man sollte dort

KLEINE PAUSE

Meyers Deli

Die Mischung aus Bistro, Cafeteria, Restaurant und kleinen Gerichten zum Mitnehmen sorgt dafür, dass fast jeder hier das Passende für sich findet. Skandinavisch geprägte Snacks und kleine Mahlzeiten machen die Delis zu einem lohnenswerten Zwischenstopp bei Stadterkundungen. Die Tagesgerichte *(dagens ret)* sind eine gute und preislich attraktive Alternative (100–120 kr) zu den bekannten Fastfood-Restaurants. Inzwischen verteilen sich drei Filialen von Meyers Deli (www.meyersdeli.dk) im Kopenhagener Stadtgebiet:

❯ **Meyers Deli,** im Untergeschoss des Magasin du Nord (s. S. 20), Tel. 33182425, geöffnet: Mo.– Do. 10–19, Fr. 10–20, Sa. 10–18 Uhr, im Sommer tägl. 10–20 Uhr

🅵**1** [bk] **Meyers Deli,** Godthåbsvej 10, Tel. 25102730, geöffnet: tägl. 8–22 Uhr

🅵**2** [cm] **Meyers Deli,** Gl. Kongevej 107, Tel. 33254595, geöffnet: tägl. 8–22 Uhr

einfach eine der vielen Bänke in Beschlag nehmen und mit einem Eis in der Hand das bunte Treiben auf dem Wasser beobachten – unschlagbar.

Weniger bekannt und deshalb auch von Touristen kaum frequentiert ist das quirlig-bunte Stadtviertel **Nørrebro** (s. S. 98), das sich nördlich der drei Seen ❸❻ erstreckt. Der vormalige Problembezirk mausert sich – besonders im Teil südlich des Assistens Kirkegård ❸❼ – langsam, aber sicher, zu einem spannenden Quartier, das gerade durch seine Vielfältigkeit an Popularität gewinnt. Das **multikulturelle Flair** lässt sich hervorragend an der breit gefächerten Gastronomie mit Speisen aus der großen weiten Welt festmachen. Rund um den Sankt Hans Torv [dj] hat die Umwandlung in ein **schickes Viertel** schon stattgefunden und auch die angrenzenden Straßen wie die Elmegade oder die Ravnsborggade befinden sich mitten im Transformationsprozess und bieten eine lebendige Shoppingszene. Direkt an den Seen finden sich ruhige **Fuß- und Radwege**, die von einladenden Bänken gesäumt werden. Kleine gastronomische Freiluftangebote, die einen unverstellten Blick über die Seen auf das Herz der Stadt garantieren, runden einen spannenden Stadtspaziergang ab.

Kopenhagen für Kauflustige

Die dänische Hauptstadt ist nicht nur das kulturelle, sondern auch das kommerzielle Zentrum des Landes. Im Innenstadtbereich rund um die Fußgängerzone Strøget ❹ wird dies mehr als deutlich: Boutique reiht sich an Boutique, Designerläden sprießen

Shoppingareale
Die wichtigsten Shoppingbereiche der Stadt sind im Kartenmaterial mit einer rötlichen Fläche markiert.

wie Pilze aus dem Boden und die Geschäfte der nationalen und internationalen Modeketten sind an fast jeder Ecke zu finden. Unterbrochen wird dieses Einkaufsparadies von locker eingestreuten Cafés, Restaurants und Kneipen, die dem mit Tüten beladenen Kunden wohlverdiente Pausen ermöglichen.

Es lohnt sich, die Haupteinkaufsmeile Strøget auch mal zu verlassen und in den angrenzenden Gassen und Straßen auf die Suche nach ausgefallenen Geschäften und Gastronomieangeboten zu gehen. Das Viertel zwischen der **Studiestræde** [A5] und der **Vestergade** [A5] bietet diesbezüglich einige Überraschungen. Oftmals liegen die zu entdeckenden Perlen übrigens nicht auf Augenhöhe, da die **Geschäftsräume im Souterrain** hier sehr angesagt sind. Also sollte man den Blick auch mal nach unten schweifen lassen.

Die **Kompagnistræde** [B5] und die **Læderstræde** [C5] verlaufen parallel zur Strøget und werden von den Kopenhagenern **Strædet** genannt. Die beiden Straßen gehen ineinander über und sind auch weitgehend verkehrsberuhigt. Hier geht es etwas ruhiger zu und **kleine Geschäfte und Boutiquen** dominieren das Bild. Die Besitzer der Verkaufsstätten bestimmen hier selbst über die Ausrichtung ihrer Läden und setzen sich damit deutlich von den großen internationalen Ketten ab. Das Spektrum reicht von Mode, Schmuck und Einrichtungsgegenständen bis hin

Kopenhagen für Kauflustige

zu kleinen urigen Cafés, die im Sommer auch draußen bedienen. Dieses gemütliche Shoppingareal jenseits des Mainstreams sollte man nicht verpassen.

Die Topadresse für **Antiquitäten** ist eine auf den ersten Blick unscheinbare Straße im Stadtteil Nørrebro. Ganz in der Nähe der drei Seen 36 im Nordwesten der Stadt verläuft die **Ravnsborggade** [dk]. Wie die Perlen einer Kette liegen über 30 Antiquitätenläden aufgereiht an dieser Straße und an der sie kreuzenden Sankt Hansgade. Historische Möbel, Retrostücke, Schmuck von anno dazumal, ausladende Kronleuchter, Malereien vom röhrenden Hirsch bis hin zu abstrakter Kunst, historische Spielzeuge, kostbares Porzellan, aber auch Kitsch und Krempel, Secondhandkleidung oder schräge Dekostücke für die heimische Wohnung findet man. Was man hier nicht findet, gibt es vermutlich nicht! Das Preisniveau ist aber definitiv nicht auf Flohmarktniveau, deshalb sollte man sich seiner Sache schon relativ sicher sein oder mit etwas Glück ein echtes Schnäppchen ausfindig machen. Apropos **Flohmarkt:** An vier Sonntagen im Jahr wird die ganze Straße zu einer großen Verkaufsfläche und die Händler versuchen, in ihren vollen Lagern ein wenig Platz zu schaffen. Die Flohmärkte finden meist im März, Juni, September und November statt. Nähere Infos zu den Terminen und den Geschäften im Viertel findet man unter www.ravnsborggade.dk.

Seit einigen Jahren haben sich in der Ravnsborggade auch Nicht-Antiquitätenhändler angesiedelt. Besonders in den Bereichen Mode und Kunst hat sich einiges bewegt. Kleine, noch unbekannte **Modedesigner** wagen hier ihre ersten Schritte und

öffnen bescheidene Boutiquen, oftmals mit Entwürfen für das schönere Geschlecht als Schwerpunkt. Erste experimentelle Galerien flankieren die moderate Veränderung der Angebotsstruktur rund um die lebendige Straße.

Ebenfalls in Nørrebro befindet sich die **Jægersborggade** [cj]. Von der Nordwestseite des Assistens Kirkegård 37 erstreckt sie sich bis zum Nørrebro-Park. Beim Durchschlendern der Kopfsteinpflasterstraße fühlt man sich ein wenig an den Prenzlauer Berg Ende der 1990er-Jahre erinnert. Rechts und links erheben sich fünf- bis sechsstöckige Wohnhäuser mit liebevoll restaurierten Fassaden, vor denen kaum noch ein freier Fahrradparkplatz zu ergattern ist. Die teilweise **winzigen Ladenlokale** sind alle vermietet und der Kreativität der Besitzer sind kaum Grenzen gesetzt. Urige Cafés, gemütliche Kneipen, Galerien junger Künstler, Modeboutiquen mit textilen Angeboten jenseits des Mainstreams, kleine Werkstätten und Manufakturen, ungewöhnliche Einrichtungsgegenstände und Möbel – auch ohne kon-

009kn Abb.: cmc/Ty Stange

kreten Kaufwunsch kann man sich hier richtig wohl fühlen. Und sollte die Frisur nicht richtig sitzen: Der ökologische(!) Friseur schafft sicherlich Abhilfe. Weitere Infos zu Geschäften und Aktivitäten findet man auf der Website **www.jægersborggade.dk.**

Wer sich für das großstädtische Einkaufen jenseits der großen internationalen Ketten interessiert, sollte einen Blick in das Viertel Vesterbro (s. S. 98) werfen. Am **westlichen**

Ende der Istedgade ③① und rund um den offenen **Enghave Plads** [cn] findet man eine bunte Mischung aus alteingesessenen Läden und neuen, trendigen Verkaufsstätten. Junge Skater wie auch modebewusste Damen, Anhänger von Kitsch, aber auch Freunde der Retromode werden hier sicherlich fündig. Diverse Einkehrmöglichkeiten wie z. B. das Bang & Jensen (s. S. 33) runden den Einkaufsbummel ab.

Kaufhäuser

In der Indre By (dem Stadtzentrum) sind auch die beiden größten und angesehendsten Kaufhäuser des Landes beheimatet. Direkt am Amagertorv befindet sich das **Kaufhaus Illum.** Ganz im Gegensatz zu dem in Deutschland seit den 1990er-Jah-

Enghave Konditori

Eine klassische Bäckerei, die sich ohne ablenkenden Schnickschnack um das kümmert, was im Zentrum des Bäckereihandwerks stehen sollte: wohlschmeckende Brote und leckere Kuchen. Zu fairen Preisen wird die Handwerkskunst feilgeboten und auf dem Enghave Plads vor der Bäckerei findet man immer ein Plätzchen, um das Erstandene in Ruhe zu verspeisen.

🔒4 [cn] **Enghave Konditori,**
Enghave Plads 7, Tel. 33228007,
geöffnet: tägl. 6–19 Uhr

◿ *Auch auf den Kopenhagener Flohmärkten (s. S. 22) gilt: Feilschen ist Pflicht!*

ren zu beobachtenden Niedergang der Großkaufhäuser wird hier keine Billig- oder Ramschware auf Wühltischen angeboten: Edelste Modemarken, internationale Parfümgrößen oder hochwertige Schmuckmanufakturen bieten in übersichtlichen Abteilungen ihre Produkte feil. Selbiges lässt sich auch für den historischen Platzhirschen **Magasin du Nord** sagen, der seit 1870 auf dem Markt präsent ist. Schwerpunkt des Magasin sind ebenfalls Waren und Produkte, die der menschlichen Schönheit dienen sollen: von Mode über Schmuck bis zu einer breit aufgestellten Kosmetikabteilung.

🛍5 [C5] **Illum**, Østergade 52, Tel. 33144002, www.illum.dk, geöffnet: Mo.–Do. 10–19, Fr. 10–20, Sa. 10–18, So. 11–16 Uhr

🛍6 [D5] **Magasin du Nord**, Kongens Nytorv 13, Tel. 33114433, www.magasin.dk, geöffnet: Mo.–Do. 10–19, Fr. 10–20, Sa. 10–18, So. 11–17 Uhr

Mode

Die Dänen sind sehr modebewusst und das spiegelt sich auch im Angebotsspektrum der dänischen Hauptstadt wider. Unzählige Boutiquen verteilen sich auf das gesamte Stadtareal und eigentlich kann man an fast

Torvehallerne – historisches Konzept in neuem Gewand

Ein ausgesprochen ausdauernder und von seinem Konzept überzeugter Architekt steht hinter den beiden **gläsernen Markthallen** am Israels Plads. Erstmals präsentierte **Hans Peter Hagen** 1997 seine Idee einer Wiederauferstehung der „guten, alten Markthalle". Zunächst standen Anwohner und Stadtverwaltung der Idee kritisch bis ablehnend gegenüber, doch als sich die Bewohner des Viertels später in einer Unterschriftenaktion für das Projekt aussprachen, kippte auch die Stimmung im Rathaus. Finanzierungsprobleme und eine Tankstelle, die im Weg stand, waren weitere Hürden, die bewältigt werden mussten. Im September 2011 wurden die zwei Hallen schließlich feierlich eröffnet und Hagens Vision war nach 14 Jahren Realität geworden.

Auf einer **überdachten Fläche von 2500 m²** tummeln sich nun Dutzende von Obsthändlern, Schlachtern, Fischverkäufern, Bäckereien, Käsehändlern, Weinexperten und Minirestaurants. Es ist ein vom Angebot unglaublich breit gefächertes „Schlaraffenland, das von Bornholm bis China und von Jütland bis Indien reicht",

wie es die überregionale dänische Tageszeitung Politiken zur Eröffnungsfeier auf den Punkt brachte.

Kaffeeliebhaber sollten in Halle 2 der Torvehallerne eine der besten Kaffeebuden der Stadt nicht verpassen. The Coffee Collective bezieht die Bohnen im direkten Handel von Herstellern in Kenia, Brasilien und Zentralamerika und übt damit direkten Einfluss auf Qualität und Umweltschutz aus. Die soziale Verantwortung gegenüber den Kaffeebauern ist dem Kollektiv ein besonderes Anliegen. Und wenn dann das Endprodukt auch noch so hervorragend schmeckt, muss man dort einfach einen Stopp einlegen.

🛍7 [A3] **Torvehallerne**, Frederiksborggade 21, Metro und S-Bahn: Nørreport, Tel. 70106070, www.torvehallernekbh.dk, geöffnet: Mo.–Do. 10–19 (Mo. öffnen nicht alle Geschäfte!), Fr. 10–20, Sa. 10–18, So. 10–17 Uhr

❯ **The Coffee Collective Torvehallerne**, Halle 2, www.coffeecollective.dk, geöffnet: werktags 7–20, am Wochenende 8–19 Uhr

jeder Ecke fündig werden. Die folgenden Empfehlungen sind nur ein winziger Ausschnitt aus dem unglaublich breiten Angebot:

8 [dk] **Dico**, Ravnsborggade 21, Tel. 35342490, www.dicocopenhagen.com, geöffnet: Mo.–Do. 11–18, Fr. 11–19, Sa. 10–16 Uhr. Der Designer Søren Petersen entwirft alles von Schuhen, über Hosen bis hin zu Anzügen und sowohl Männer wie Frauen werden in der Boutique fündig.

9 [dk] **Frederiksen**, Ravnsborggade 15, Tel. 26272635, geöffnet: Di.–Fr. 11–18, Sa. 11–15 Uhr. Weibliche Mode in ihrer reinsten Form wird hier feilgeboten. Statt Jeans stehen hier bunte Kleider und blumige Röcke im Fokus der Käuferinnen.

10 [C4] **Malene Birger**, Antonigade 10, Tel. 35432233, www.bymalenebirger.com, geöffnet: Mo.–Do. 10–18, Fr. 10–19, Sa 12–17, erster und letzter So. des Monats 12–16 Uhr. Edelste Stoffe und klassische Linien kennzeichnen die angesehenen Entwürfe Malene Birgers.

11 [dk] **Mélange de Luxe**, Ravnsborggade 6, www.melangedeluxe.dk, Tel. 22636575, geöffnet: Mo.–Fr. 11–18.30, Sa. 10–15 Uhr. Secondhandstücke von Edelmarken werden in den Räumlichkeiten des gelernten Schneiders Christoph Baran zum kleinen Preis angeboten. Toll zum Stöbern.

12 [C4] **Saint Tropez**, Købmagergade 42, Tel. 33690690, www.sainttropez.com. Junge und freche Entwürfe zu bezahlbaren Preisen sind das Erkennungszeichen der Trendmarke Saint Tropez.

13 [A5] **Samsøe & Samsøe**, Studiestræde 13, Tel. 35285101, www.samsoe.com. Bei Samsøe & Samsøe findet man sportliche und legere Mode, und das für beide Geschlechter.

14 [dk] **Stig P**, Ravnsborggade 18, Tel. Tel. 35357500, www.stigp.dk, geöffnet: Mo.–Fr. 11–18, Sa. 10–16 Uhr. Feminine Mode von klassisch-schick bis zu urban-sportlich bietet Stig P. seit 2001 in Nørrebro zum Kauf an.

15 [B5] **Vila**, Vimmelskaftet 43, Strøget, Tel. 33152244, www.vila.com. Die dänische Modemarke Vila verfügt über fünf Verkaufsstellen im Stadtgebiet – natürlich findet man eine davon auch am Strøget.

Dänisches Design

Rund um den Amagertorv sind hochpreisige Verkaufsstätten angesiedelt, die das Leben schöner und die Wohnung schicker machen sollen:

16 [C5] **Georg Jensen**, Amagertorv 4, Tel. 33114080, www.georgjensen.com, geöffnet: Mo.–Do. 10–18, Fr. 10–19, Sa. 10–17 Uhr, So. 11–16 (nur im Sommer). Anfang des 20. Jahrhunderts eröffnete der dänische Silberschmied Georg Jensen sein erstes kleines Lädchen in Kopenhagen. Heute ist daraus ein globales Unternehmen geworden, das hochwertige Uhren, edles Besteck, feinen Schmuck und sogar eine Christbaumschmuckkollektion herausgibt.

17 [C5] **Illums Bolighus**, Amagertorv 10, Tel. 33141941, www.illumsbolighus.dk, geöffnet: Mo.–Do. 10–18, Fr. 10–19, Sa. 10–18, So. 11–16 Uhr (teilweise nur jeden zweiten Sonntag). Das Paradies für Innenarchitekten und Interieurfans, die ihre eigenen vier Wände mit feinsten Designerstücken füllen möchten. Man sollte aber ein dickes Portemonnaie dabei haben, denn die Ästhetik hat ihren Preis und ein schicker Lederstuhl kann auch mal mit einem 8000 €-Preisschild versehen sein.

18 [C5] **Royal Copenhagen**, Amagertorv 6, www.royalcopenhagen.com, Tel. 33137181, geöffnet: Mo.–Do. 10–18, Fr. 10–19, Sa. 10–17, So. 12–17 Uhr (teilweise aber nur am ersten und letzten Sonntag des Monats geöffnet). Seit fast 250 Jahren existiert die Königliche

Porzellanmanufaktur in Kopenhagen. Für Porzellansammler und Freunde der hochwertigen Speiseutensilien ist das die erste Adresse im Land. Ob man die einmalige Serie Flora Danica oder die jährlich aufgelegten Sammelteller der Porzellanschmiede vergöttert, mit dem passenden Budget kann man hier alle Träume realisieren.

Flohmärkte

19 Den Blå Hal, Ved Amagerbanen 9, Tel. 20738046, www.denblaahal.dk, geöffnet: Sa.–So. 10–16 Uhr. Eine gute Alternative in der kalten Jahreszeit stellt die „Blaue Halle" im Stadtteil Amager dar. Wie der Name schon erahnen lässt, findet der Wochenendflohmarkt in einer geschlossenen Verkaufshalle statt und die Händler haben „alles zwischen Himmel und Erde im Angebot und handeln gerne", wie sie auf ihrer Website schreiben.

20 [bl] Frederiksberg Loppemarked, Parkplatz am Rathaus, Tel. 38214040, geöffnet: April–Oktober Sa. 9–15 Uhr. Die Gemeinde Frederiksberg veranstaltet samstags einen klassischen Trödelmarkt, auf dem auch ganz normale Bürger die Kostbarkeiten ihrer Speicher und Keller zum Verkauf anbieten. Nach Besucherzahlen gibt es keinen beliebteren Flohmarkt in Kopenhagen. Ort des Geschehens ist der Parkplatz direkt am Rathaus.

21 [cj] Nørrebro Loppemarked, Nørrebrogade, Tel. 35350173, geöffnet: April–Oktober Sa. 8–15 Uhr. Auf der Nørrebrogade findet im Sommerhalbjahr jeden Samstag Kopenhagens größter Flohmarkt statt. Entlang der Friedhofsmauer des Assistens Kirkegård **37** reihen sich dann Dutzende von Händlern mit ihren Ständen auf und verkaufen von antiquarischen Kostbarkeiten bis hin zu Nippes und Krempel einfach alles.

> Thorvaldsens Plads Loppemarked, Tel. 22484177, geöffnet: April–September Fr./Sa. 9–17 Uhr. Schön am Wasser und direkt neben dem Thorvaldsens Museum **10** befindet sich dieser wohlsortierte Antikmarkt, der wegen des Metrobaus seinen alten Standort gegenüber dem Schloss Christiansborg **11** aufgeben musste. Die Verkäufer hier sind Profis und die Chance auf einen unerkannten Schatz für 2,50 € sind minimal.

Kopenhagen für Genießer

Essen und Trinken

Die traditionelle dänische Küche ist eher deftig und kalorienreich. Im skandinavischen Vergleich nehmen die Dänen täglich die meisten Kalorien zu sich, tragen das höchste Gewicht mit sich herum und trinken mehr Alkohol als Norweger, Schweden oder Finnen. Doch die Zeiten ändern sich und die gesundheits- und figurbewusste Ernährung hat seit 10 bis 15 Jahren einen massiven Zulauf.

Diesem Paradigmenwechsel in den Ernährungsgewohnheiten ging eine Epoche **der Völlerei** voraus. Ab den **1970er-Jahren** änderte sich die Zusammensetzung der Nahrung in Dänemark radikal. Mehr Milchprodukte, mehr Fette und ein rapider Anstieg des Fleischkonsums begleiteten den ökonomischen Aufschwung des Landes. Allein in dem Jahrzehnt von 1970 bis 1980 stieg der Fleischverzehr pro Kopf um satte 40 %. Das Aufkommen der Fastfoodketten und Imbissbuden trug seinen Teil zum **kollektiven Übergewicht** bei. Parallel dazu sank der Verzehr von Gemüse, Obst und Fisch. Seit der Jahrtausendwende findet im Königreich jedoch ein **Umdenken** statt. Verhallten die Warnungen der Ernährungswissenschaftler zuvor noch ungehört, so geben die Medien ihnen heute eine öffentliche Plattform. Neue Kochbücher mit **gesünderen Gerichten** und Gesundheitsförderungsbestrebungen der Politik statt Industrielobbyismus à la „Det er smørret der gør'et" (etwa „Die Butter machts") haben dieses Umdenken angestoßen. „Die neue nordische Küche", eine Initiative des Nordischen Rats von 2007, Kochshows, die leichtere Gerichte präsentieren, und nicht zuletzt ein wahrer **Boom moderner Restaurants**, die wie Pilze aus dem Boden schossen, sind Eckpunkte dieses veränderten Bewusstseins. Aber keine Sorge, unsere nördlichen Nachbarn sind definitiv nicht zu reinen Blattgemüse- und Tofuessern mutiert. Neben den leichteren Speisen haben die klassischen dänischen Gerichte noch immer ihren Platz – nur etwas ausgewogener ist alles geworden.

„Smörebröd, Smörebröd, röm pöm pöm pöm" verbinden nicht nur alteingesessene Fans der Muppet Show mit dem dänischen Koch bzw. der dänischen Küche. An der Verballhornung ist durchaus etwas Wahres dran, denn das **Smørrebrød** ist bis heute integraler Bestandteil der nordischen Küche. Anfangs waren die mit Butter oder Margarine bestrichene Brotscheiben, die mit Käse, Aufschnitt oder Leberpastete belegt waren, die günstigste Möglichkeit, eine Mahlzeit jenseits der eigenen Wohnung zu sich zu nehmen, da man sie z. B. leicht mit zur Arbeit nehmen konnte. In den 1880er-Jahren eröffneten im Kopenhagener Stadtgebiet die ersten **spezialisierten Restaurants**, die ausschließlich Smørrebrød

auf ihrer Speisekarte hatten. Über die Jahre wurden aus den einfachen Butterbroten **regelrechte Kunstwerke.** Oberhalb der **Grau- oder Vollkornbrotscheibe** türmten sich dann **kreativste Kompositionen,** die aus Wurst, Bratenaufschnitt, *leverpostej* (leckere dänische Leberpastete), Fisch oder Krabben bestehen. Garniert wird das Ganze dann mit Tomaten, Gurken, Zwiebelringen oder Röstzwiebeln, Salat, Eiern oder was dem Küchenchef sonst noch einfällt. Oftmals dienen Remoulade oder Kaviar zur Verfeinerung des kulinarischen Gesamtkunstwerks. Am Einfachsten isst man die voluminösen Butterbrote mit Messer und Gabel, da sonst auf dem Weg vom Teller zum Mund die Auflage gerne mal auf der Hose landet.

Aus dem Alltag nicht wegzudenken sind die **Røde Pølser**, auch Hotdog genannt, die an den mobilen *Pølsevogn* (s. S. 74) seit Jahrzehnten in ganz Dänemark erfolgreich verkauft werden. Charakteristisch ist die **knallrote Lebensmittelfarbe,** mit der die Pelle der Schweinswürstchen traditionell eingefärbt wird. Ohne Beilagen ist der Geschmack der Pølser eher bescheiden, in der Brot-Ketchup-Senf-Remoulade-Röstzwiebeln-Gurken-Kombination sind sie jedoch sehr lecker, wenn auch sicherlich kein Beitrag zur gesundheitsbewussten Ernährung. Jeder sollte einmal die ca. 20 kr investieren, um anschließend abfällig urteilen zu können oder sich umgehend einen zweiten Hotdog zu bestellen.

„Hr. og fru Jensen", die dänischen Pendants zum „Otto Normalverbraucher" und seiner Frau, beginnen ihren kulinarischen Tag mit dem **morgenmad.** Ähnlich wie in Mitteleuropa steht dabei oftmals Brot mit *syltetøj* (Marmelade), *pålæg* (Aufschnitt) oder *ost* (Käse) auf dem Tisch. Alternativ

werden auch gerne Müsli oder Cornflakes verköstigt, die erst mit Milch oder *ymer* genießbar werden. *Ymer* ist eine Art säuerlicher, dickflüssiger Yoghurt, den man ausschließlich in dänischen Supermarktkühlregalen findet. Auch als Zwischenmahlzeit ist *ymer* sehr populär und wird dabei gerne mit Früchten oder gesüßten Brotkrümeln verfeinert. Am Wochenende, wenn man sich mehr Zeit für das **Frühstück** gönnt, stehen selbstverständlich auch *rundstykker* (Brötchen) oder *krydderboller* auf dem Speiseplan. *Krydderboller* sind Brötchen, die im Ofen oder im Toaster aufgebacken werden müssen und dann eine eher knusprige Konsistenz haben. Die noch warmen Brötchenhälften werden anschließend – besonders gerne von Kindern – mit *pålægschokolade* belegt. Das sind hauchdünne Schokoladenscheiben, die dann auf der warmen Brötchenoberfläche dahinschmelzen.

Das dänische **frokost** hat nicht die Relevanz des deutschen **Mittagessens.** Fast mediterran anmutend wird zur Mittagszeit im Norden eher ein kleiner bis mittlerer Snack – ein Smørrebrød, eine Suppe oder ähnliches – zu sich genommen. Dafür wird im Laufe des Nachmittags nur selten auf die **Kaffeepause** verzichtet und zum *kaffe* darf das *wienerbrød* nicht fehlen. Das sind kleine Plunder- oder Blätterteiggebäcke, die mit Zuckerguss, Schokoladenguss, Pudding oder süßer Creme gefüllt bzw. garniert sind. Eine spezielle Pfanne mit sieben konkaven Einbuchtungen benötigt man für die Zubereitung von *æbleskiver.* Die wörtliche Übersetzung „Apfelscheiben" führt jedoch in die Irre, da die Köstlichkeit rund ist und heutzutage auch keine Äpfel mehr enthält. Auf Basis von Pfannkuchenteig entstehen die kleinen Bällchen durch mehrfaches Wenden in der Spezialpfanne. Noch im warmen Zustand werden sie serviert und nach dem Eintunken in Marmelade genüsslich verspeist.

Die unbestrittene **Hauptmahlzeit** des Tages heißt auf Dänisch **aftensmad** und wird traditionell im ganzen Land zwischen 18 und 19 Uhr zu sich genommen. Noch heute gilt es als familiäres Ereignis, an dem alle Familienmitglieder teilnehmen – allen gesellschaftlichen Individualisierungstendenzen zum Trotz. Dabei steht die kräftige Fleischmahlzeit, insbesondere vom Schwein, hoch im Kurs. Jährlich essen die Untertanen von Königin Margrethe pro Kopf über 100 kg Fleisch. Die populärste Beilage sind gekochte Kartoffeln, die oft durch Gemüse ergänzt werden. Seit der Verbreitung des Fleischwolfs vor über 100 Jahren lieben die Dänen auch Gerichte auf Hackfleischbasis. Als Resultat landen dann *hakkebøffer* (Frikadellen) auf dem Teller und die obligatorischen Kartoffeln werden von einer kräftigen braunen Soße und angebratenen Zwiebeln begleitet. Auch die *medisterpølse* (Medisterwurst) verdankt ihr Entstehen dem Fleischwolf: Gehacktes vom Schwein wird dabei in einen Wurstdarm gedrückt und in der Pfanne gebraten. Der Dänen liebstes Gericht ist aber zweifelsfrei *flæskesteg* (Schweinebraten). Bei der Zubereitung im Ofen wird die dicke Fettschicht auf der Oberfläche des Bratens nicht entfernt, sondern bildet eine besondere Köstlichkeit, die abgetrennt vom Braten und in Streifen geschnitten mit den Händen gegessen wird. Rotkohl, Kartoffeln und eine braune Soße runden den Schweinebraten ab. Als **typisches Weihnachtsmahl** ist der Braten besonders am 24.12. sehr beliebt. Dabei wird ein Teil der Erdäpfel als normale Salzkartoffeln zuberei-

tet, während besonders die kleineren Kartoffeln zusätzlich in der Pfanne karamellisiert und als *brunede kartofler* serviert werden. Das Weihnachtsessen wird traditionell mit einer großen Schüssel *risalamande* abgeschlossen. Das ist Milchreis, der mit Zucker, klein gehackten Mandelstücken und viel Schlagsahne verfeinert wird. Gekrönt wird das Dessert mit heißer Kirschsoße. In der großen Schüssel ist immer eine ganze geschälte Mandel versteckt. Der glückliche Finder der Mandel erhält im Anschluss die *mandelgave,* ein kleines Geschenk, das je nach Familie variiert. Ein besonderer Spaß ist es dabei, den Fund der Mandel möglichst lange geheim zu halten, um die anderen Familienmitglieder dazu zu bewegen, die ganze Schüssel auch wirklich zu leeren. Die Backentasche hat sich hierbei als Versteck bewährt.

Während die Dänen am Tage die üblichen **Getränke** wie Säfte, Softdrinks, Wasser und natürlich viel Kaffee zu sich nehmen, steht am Abend das **Bier** an erster Stelle. Mit so berühmten Marken wie **Carlsberg, Tuborg** oder **Faxe** haben die dänischen Braumeister auch auf dem internationalen Markt Fuß gefasst. So wundert es wenig, dass Hopfengetränke aus dänischer Produktion auch von den heimischen Konsumenten bevorzugt werden. Das Spektrum der diversen Bierarten ist zwar nicht so groß wie in Deutschland, aber man sollte bei einem Besuch durchaus

◁ *Die eher deftige dänische Küche sollte man sich keinesfalls entgehen lassen*

Kommt der Kellner oder kommt er nicht?

In der Kopenhagener Gastronomie wird die **Bestellung oft nicht am Tisch aufgenommen.** Wenn sich also kein Kellner an den Tisch „verirrt", sollte man nicht verärgert auf seinem Sitzplatz verweilen, sondern einfach freundlich an der Servicetheke nachfragen, wo die Bestellung abgegeben werden soll.

mutig sein und einmal unbekannteren Brauereien eine Chance geben. In der Vorweihnachtszeit konkurrieren die Anbieter mit ihren eigenen **julebrygs** (Weihnachtsbieren) um die Gunst der Biertrinker (s. S. 99). Die Weihnachtsbiere sind für gewöhnlich etwas weniger herb als die Biere Pilsener Brauart und haben mit 5,5 bis 6,5 % einen höheren Alkoholgehalt. In der Zeit **vor Ostern** werden die kräftigen *påskebrygg* – statt Schneeflocken sind nun Osterhasen und Ostereier auf dem Etikett – in den Kneipen ausgeschenkt und an exponierter Stelle im Supermarkt platziert.

Während des Essens, besonders bei Heringsgerichten, nimmt man in Dänemark gerne mal einen Schluck vom Lebenswasser, dem Aqua Vitae, heute als **Aquavit** bekannt. Der klare Schnaps aus dem Norden wird idealerweise in eisgekühlten Gläsern serviert, hat einen Alkoholgehalt zwischen 38 und 45 % und sollte deshalb mit Vorsicht genossen werden. Besonders dänische Männer scheinen nach den üppigen Mahlzeiten unter Verdauungsproblemen zu leiden – und was hilft da besser als ein Verdauungsschnaps. Die beliebteste „Medizin" des Landes ist eindeutig der „Alte Däne", eher bekannt un-

ter seinem Markennamen **Gammel Dansk.** Der Magenbitter aus 29 Kräutern und Gewürzen schmeckt ziemlich bitter und besonders Ausländer probieren ihn nur einmal.

Ein Beitrag über die dänische Küche wäre unvollständig, würde das berühmteste Gericht unerwähnt bleiben. Die Speise ist aber vor allem wegen der für des Dänischen Unkundige problematischen Aussprache bekannt: **Rød grød med fløde** ist das dänische Pendant zum deutschen Zungenbrecher „Fischers Fritz...". Um ausländischen Dänischlernern auf den Zahn zu fühlen, wird man in einer Runde Einheimischer unter Garantie aufgefordert, die magischen Worte zu wiederholen. Gelingt einem dies akzentfrei, erntet man anerkennendes Nicken und Schulterklopfen und wird umgehend zu den Muttersprachlern gezählt. Übrigens bedeutet der Zungenbrecher nichts anderes als „rote Grütze mit Sahne"!

Empfehlenswerte Lokale

In Kopenhagen fällt die **typische Klassifizierung** von Restaurant, Kneipe oder Café nicht ganz einfach. Viele Lokale haben einen „Hybridcharakter", d. h. eine Unterscheidung fällt schwer, wenn ein Café am Wochenende bis 5 Uhr morgens geöffnet hat. Man sollte deshalb auch ruhig unter der Rubrik „Cafés" (s. S. 31) nachsehen, da in allen aufgelisteten Lokalitäten auch Speisen gereicht werden.

Gastro- und Nightlife-Areale

Bläulich hervorgehobene Bereiche in den Karten kennzeichnen Gebiete mit einem dichten Angebot an Restaurants, Bars, Klubs, Discos etc.

Preiskategorien

Die hier aufgeführte Preiseinteilung gilt für ein Hauptgericht ohne Getränke.

€	bis 75 kr (ca. 10 €)
€€	bis 150 kr (ca. 20 €)
€€€	bis 225 kr (ca. 30 €)
€€€€	über 225 kr (ca. 30 €)

Internationale Küche

22 [B4] **Café Dalle Valle** €€, Fiolstræde 5, Tel. 33932929, www.cafedallevalle. dk, geöffnet: Mo.–Do. 10–24, Fr./Sa. 10–3 (ab 22.30 Uhr mit DJ und Tanzfläche), So. 10–23 Uhr. Auch wenn „Café" im Namen auftaucht, so ist diese Lokalität doch eher als Restaurant einzustufen. Ein breites Spektrum an Speisen von Salaten über Burger bis zu Fisch- und Fleischgerichten findet man auf der Speisekarte.

23 [C4] **Green Sushi** €€, Grønnegade 28, Tel. 33118899, www.greensushi.dk, geöffnet: Mo.–Sa. 11–22, So. 16–22 Uhr. Leckere Japan-Spezialitäten locken in die kleine Sushibude in der Innenstadt. Die Betreiber achten beim Kauf der Zutaten auf nachhaltigen Fischfang bzw. nachhaltige Fischzucht. Relativ moderate Preise und gute Qualität zeichnen Green Sushi aus. Es gibt auch Sushiboxen zum Mitnehmen und zur Mittagszeit attraktive Lunchangebote.

24 [A5] **Halifax Burger Restaurant** €€, Larsbjørnsstræde 9, Tel. 82303200, www.halifax.nu, geöffnet: Mo.–Sa. 12–22, So. 12–21 Uhr. Die Burger der Halifax-Kette – im Stadtgebiet existieren insgesamt vier Filialen – würden sich auf dem Grill umdrehen, würde man sie auch nur ansatzweise mit ihren Namensvettern aus den bekannten amerikanischen Burgerschmieden vergleichen! Der Gast wählt aus neun unterschiedlichen Hamburgerkreationen aus und individualisiert sein Wunschgericht in drei weiteren Auswahlschritten: Fleischauflage, Beilagen und Soße. Burger at its best!

25 [dm] **LeLe Nha Hang** €€€, Vesterbrogade 40, Tel. 33313125, www.lele-nha hang.com, geöffnet: Mo.–Do. 17–22, Fr./Sa. 17–22.30 Uhr. Freitag- oder samstagabends muss man das LeLe nicht lange suchen: Die langen Schlangen vor dem Restaurant weisen den Weg. Die Kopenhagener wissen einfach, wo es ausgezeichnete vietnamesische Speisen gibt. Betrieben wird das LeLe von vier vietnamesischen Geschwistern, die noch drei weitere Lokale im Stadtgebiet eröffnet haben. Am Wochenende ist eine Reservierung zu empfehlen.

26 [D4] **Mash** €€€€, Bredgade 20, Tel. 33139300, www.mashsteak.dk, geöffnet: So.–Mi. 17.30–22, Do.–Sa. 17.30–23 Uhr, Mittagstisch Mo.–Fr. 12–15 Uhr (im Juli kein Mittagstisch!). Das elegante, rot-schwarze Interieur deutet bereits an, dass dies kein normales Steakhouse ist. Auf der Karte sind natürlich Steaks jeglicher Couleur im Fokus und selbst „Kobe Style Beef" wird für 65 € feilgeboten. Außerdem sind Fisch und Meeresfrüchte erhältlich.

27 [dn] **Mother** €€, Høkerboderne 9–15, Tel. 22275898, www.mother.dk, geöffnet: So.–Mi. 11–23, Do.–Sa. 11–1 Uhr. Sauerteig ist die Mutter aller Teige und Brote und die Spezialität dieses italienischen Restaurants. Dem schnörkellosen Interieur mit seinen weißen Fliesen sieht man – und das ist konzeptionell beabsichtigt – noch die ursprüngliche Funktion der Pizzeria an. Das Mother ist einer der populärsten „Futtertröge" im ehemaligen Schlachthofviertel in Vesterbro. Tische können nur bis 20 Uhr reserviert werden, damit spontanen Gästen immer die Möglichkeit zur Stärkung gegeben werden kann.

Kopenhagen für Genießer

⏱**28** [dk] **Nørrebro Bryghus** €€€€, Ryesgade 3, www.norrebrobryghus.dk, Tel. 35300530, geöffnet: Mo.–Do. 11–24, Fr./Sa. 11–2 Uhr. Auch wenn man kein passionierter Biertrinker ist, man sollte das Hopfengetränk schon mögen, wenn man hier einkehrt. Die hauseigene Mikrobrauerei zaubert ganz hervorragende Getränke ins Glas, was auch durch diverse Preise bei internationalen Wettbewerben bestätigt wird. Die Speisen kann man nur als komplette Menüs bestellen, was sich preislich natürlich niederschlägt. Die Kreationen des Küchenchefs sind jedoch ihr Geld wert.

⏱**29** [dk] **Tappasfabrikken** €€, Blågårdsgade 29a, www.tapasfabrikken.dk, Tel. 35399606, geöffnet: So.–Do. 17–22, Fr./Sa. 17–22.30 Uhr. Die kleinen mediterranen Gerichte kosten zwischen 20 und 50 kr. Jeder Gast kann sich die Anzahl der Speisen individuell aussuchen und sich dabei durch die Köstlichkeiten des Mittelmeers probieren. In den warmen Monaten auch mit Sitzgelegenheiten im Freien.

▷ *Das Noma wurde schon zum dritten Mal in Folge zum besten Restaurant der Welt gekürt*

Dänische Küche

⏱**30** [B1] **Aamanns Smørrebrød** €€, Øster Farimagsgade 12, Tel. 35553310, www.aamanns.dk, Mittagessen: Mi.–So. 12–16 (Küche schließt um 14.30 Uhr), Abendessen: Mi.–Sa. 18–23 (Küche schließt um 21.30 Uhr). Eines der dänischsten aller dänischen Gerichte wird im Aamanns aufgetischt: Smørrebrød – die deutsche Übersetzung „Butterbrot" ist dabei eher irreführend – in allen Facetten steht auf der Speisekarte. Frisches Brot dient als Grundlage und wird mit diversen frischen Zutaten wie Fisch, Aufschnitt und Gemüse verfeinert. Ausgesprochen köstlich und auch zum Mitnehmen für ein Picknick am Wasser.

⏱**31** [D2] **BioM** €€€, Fredericiagade 78, Tel. 33322466, www.biom.dk, geöffnet: Di.–Sa. 11.30–23 Uhr, Sa. und So. 10–14 Uhr Brunch (die reguläre Küche öffnet jedoch erst um 11.30 Uhr). Die Verwendung von ausschließlich ökologisch angebauten Zutaten ist das Markenzeichen dieses an Nachhaltigkeit interessierten Restaurants. Auf dem Menü sind sowohl vegetarische als auch fleischhaltige dänische, aber auch internationale Gerichte zu finden. Da das Platzangebot eher begrenzt ist, empfiehlt sich abends eine Tischreservierung.

⏱**32** [B3] **Brdr. Price** €€€, Rosenborggade 15–17, Tel. 38411020, www.brdr-price.dk, geöffnet: Mo.–Sa. 12–1, So. 12–24 Uhr (zwischen 15 und 18 Uhr pausiert die Küche). Im Winter 2011/12 haben die Brüder Adam und James Price, u. a. bekannt durch eine Kochshow im dänischen TV, ihr erstes Restaurant eröffnet. In der „Spisestuen" sind die Tische schick eingedeckt und es geht eher klassisch zu. Die weniger formelle „Spisekøkket" zeichnet sich durch einfachere (und preiswertere) Gerichte aus. Das Angebot könnte als „Großmutters dänische Küche, französisch verfeinert" charakterisiert werden.

33 [D3] **Ida Davidsen** €€, Store Kongensgade 70, www.idadavidsen.dk, Tel.
33913655, geöffnet: Mo.–Fr. 10.30–17
Uhr. Es gibt nur ein Gericht in dem tradi-
tionsreichen Mittagsrestaurant: Smørrebrød, das aber in über 220 Variationen.

Bereits in der fünften Generation wird
das Familienunternehmen betrieben
und noch immer steht höchste Qualität
an erster Stelle. Die üppig belegten Butterbrote sind nicht nur köstlich, sondern
haben teilweise auch amüsante Namen:

Noma – das weltbeste Restaurant

Im Jahr 2012 wurde das Noma – die Kurz-
form für „nordisk mad" (nordisches Essen) –
schon zum dritten Mal von der britischen
Fachzeitschrift Restaurant Magazine zur
weltweiten Nr. 1 unter den Restaurants
gekürt. **Minimalistische Küche mit feinsten
Zutaten** aus ganz Skandinavien, von Koryphäen zubereitet, stellen das Grundkon-
zept dar. Abgerundet wird dieses Gourmet-
erlebnis durch das **tolle Ambiente direkt
am Kopenhagener Hafen.** Dieses Erlebnis
angemessen zu beschreiben, ist schwierig,
deshalb sollte man es einfach selbst erleben. Eine **Reservierung** ist hier Pflicht und

sollte mind. drei Monate im Voraus getä-
tigt werden. Auf der Homepage des Gour-
mettempels wird in regelmäßigen Abständen der nächste Zeitpunkt der Reservie-
rungsmöglichkeit veröffentlicht. Sollte man
sich zu den Glücklichen zählen, die einen
Tisch ergattern konnten, sollte man für
die **20 bis 25 Gänge (!)** pro Person allerdings mindestens 200 € einkalkulieren. Die
Getränke werden separat berechnet.

34 [E5] **Noma** €€€€, Strandgade 93,
Tel. 32963297, www.noma.dk, geöffnet:
Di.–Sa. 12–16 (Küche 12–13.30) und
19–0.30 (Küche 19–22 Uhr)

050kn Abb.: cmc/Mads Damgaad

Kopenhagen für Genießer

Wer möchte nicht mal in ein „Michael Laudrup" (dänische Fußballikone) oder ein „Uffe Ellemann Jensen" (ehemaliger dän. Außenminister) beißen?!

🔟**35** [D3] **Madklubben** €€, Store Kongensgade 66, Tel. 33323234, www.madklubben.dk, geöffnet: Mo.–Sa. 17.30–24 Uhr. Die schlichte, aber geschmackvolle Inneneinrichtung wirkt unspektakulär und es gibt keine Speisekarten – die Gerichte sind auf den Telleruntersetzer gedruckt, doch was dann serviert wird, ist hervorragend. Leckere dänische Küche mit ausgesprochen fairer Preisgestaltung: ein Gang 100 kr, Zweigängemenü 150 kr, Dreigängemenü 200 kr und Viergängemenü 250 kr!

Vegetarisch

Neben den im Folgenden aufgeführten rein vegetarischen Lokalen bieten fast alle anderen Speisestätten ebenfalls fleischlose Gerichte an. Seit Beginn des 21. Jahrhunderts gibt es eine sehr populäre Bewegung in Dänemark, die sich auf die **ökologische Lebensmittelproduktion** konzentriert. Nachdem die meisten Restaurants sich darauf eingestellt hatten, schwappte die Welle auch in die Supermärkte. In jedem großen Lebensmittelgeschäft sind seitdem beständig wachsende Abteilungen mit rein ökologischen Produkten zu finden.

🔵**36** [C4] **42˚ Raw** €€, Pilestræde 32, Tel. 32123210, www.42raw.com, geöffnet: Mo.–Fr. 10–20, Sa. 10–18, So. 11–17 Uhr. Weder Topf noch Pfanne, weder Ofen noch Herd, weder Fleisch noch tierische Produkte – im 42˚ Raw ist die Nahrungszubereitung sehr ungewöhnlich. Kein Produkt wird über 42 Grad erhitzt. Dies soll die Hochwertigkeit der Zutaten und den Vitamingehalt der Lebensmittel erhalten. Die Gerichte aus den sogenannten Dehydratoren sind auf jeden Fall einen Versuch wert. Und auf den

Milchkaffee muss auch niemand verzichten: Er wird ganz vegan mit Mandelmilch zubereitet.

🔵**37** [cj] **Grød Bar** €, Jægersborggade 50, geöffnet: Tel. 50585579, geöffnet: Mo.–Fr. 7.30–21, Sa./So. 10–21 Uhr. Zwei Schulfreunde hatten eine sehr ungewöhnliche Idee und haben aus ihrer persönlichen Leibspeise eine Restaurantidee gemacht: die Brei-Bar. Ausschließlich vegetarische Breigerichte, die aber mit Omas Griesbrei nur noch wenig gemein haben, werden hier feilgeboten. Wie wäre es mit einer Hafer-Möhren-Grütze mit Haselnusssplittern? Oder einem Pfifferling-Petersilien-Risotto und Apfelmus mit Vanillesoße zum Nachtisch?

🔵**38** [F6] **Morgenstedet** €, Fabriksområdet 134, www.morgenstedet.dk, geöffnet: Di.–So. 12–21 Uhr. Mitten im Freistaat Christiania liegt diese kleine, vegetarische Perle. Ausschließlich ökologisch angebaute Zutaten kennzeichnen die Speisekarte. Die warmen und kalten Gerichte können im Sommer ganz romantisch im Garten des Restaurants genossen werden.

EXTRATIPP

Lokale mit Aussicht

Von oben sieht man Dinge bekanntlich immer etwas besser. Das **Café Hovedtelegrafen** (s. S. 31) bietet von seiner Dachterrasse genau diesen tollen Ausblick. Im **Bang & Jensen** (s. S. 33) sitzt man zwar ebenerdig, aber die vorbeiflanierenden Passanten sind auch ein abwechslungsreiches Schauprogramm. Das **Café Oven Vande** (s. S. 32) liegt zwar auch nur drei Meter über dem Meeresspiegel, aber genau am Christianshavn-Kanal. Hier befindet sich auch das gemütliche **Christianshavns Bådudlejning & Café** (s. S. 32).

Imbisse

⊕39 [hn] **Organic Corner** €, Amagerbrogade 13, www.just-eat.dk/restaurants-
organic, geöffnet: Mo.–Sa. 10–20, So.
12–20 Uhr. Direkt an der belebten Amagerbrogade gelegen bietet dieses Mini-
restaurant ökologische Speisen an. Das
Brot backt die Küchenmannschaft selbst
und besonders die variantenreichen
Sandwiches sind zu empfehlen. Auch für
Vegetarier finden sich auf der Speisekarte diverse Alternativen.

Cafés

⊖40 [A3] **Bankeråt**, Ahlefeldtsgade 27–29
(Ecke Nansensgade), Tel. 33936988,
www.bankeraat.dk, geöffnet: Mo.–Fr.
9.30–24, Sa.–So. 10.30–24 Uhr. Das
Bankeråt ist ein gemütliches Café, dessen Speisekarte ganz global ausgerichtet ist und sich von Europa über Afrika
bis nach Asien erstreckt. Beim erstma-
ligen Betreten bitte nicht erschrecken:
Das Bankeråt beherbergt diverse aus-
gestopfte Tiere, die in menschliche Kleidung gesteckt auf einmal auch sehr
menschlich wirken.

WLAN-Hotspots

Lokalitäten mit WLAN-Hotspots sind
hier mit „@@" gekennzeichnet.

⊖41 [C4] **Café Hovedtelegrafen**, Købmagergade 37, Tel. 33410986, www.
cafehovedtelegrafen.dk, geöffnet: tägl.
10–16 Uhr. Die Lage auf dem Dach
des Post- und Telemuseums ist einfach
unschlagbar! Nettes kleines Café, das
im Sommer sogar mit einer Außenter-
rasse über den Dächern der Stadt prah-
len kann. Der üppige Sonntagsbrunch
für 159 kr von 10 bis 15 Uhr ist mehr als
einen Versuch wert.

⊖42 [dm] **Café Obelix** @@, Vesterbrogade
53, Tel. 33313414, www.cafeobelix.dk,
geöffnet: So.–Mi. 8–2, Do.–Sa. 8–4 Uhr.
Familien, Geschäftsleute und Studenten bevölkern das Obelix am autofreien
Vesterbro Torv. Kleine Preise dominieren die Speisekarte und schon für 89 kr
(am Wochenende 99 kr) gibt es einen
üppigen Brunch. Die Happy Hour – tägl.
16–19 Uhr – lockt mit günstigen Bieren.

Dänisches Eis

Was gibt es an einem lauen Sommernach-
mittag besseres als ein erfrischendes Eis?
Da ist man in Dänemark genau richtig,
denn in kaum einem Land der Welt wird pro
Kopf mehr Speiseeis verköstigt. Ob man zu
einem abgepackten Eis, einem Softeis oder
zum dänischen Klassiker **Gammeldags
Isvafler** greift, muss jeder selbst entscheiden, aber eins ist sicher: Ausgezeichnete
Qualität haben alle. Das Gammeldags Is
(„Eis aus Omas Zeiten") ist etwas Besonderes. Mit einer **Waffel** als Fundament wählt
man je nach Geschmack **überdimensio-
nale Eiskugeln.** Anschließend kann man
noch die Option mit „skum" wählen. Das ist

ein ausgesprochen süßer **Eiweißschaum,**
der entweder mit **Marmelade** oder **Scho-
kostreuseln** bestreut wird. Findet man nun
noch eine ruhige Bank und verdrängt, wie
viel Kalorien man in der Hand hält, ist der
Tag gerettet. Zwei zentrale Anlaufpunkt für
Eisgelüste sind:

⊖43 [B4] **Paradis**, Købmagergade
58 (direkt am Runden Turm), Tel.
35357984, www.paradis-is.dk, geöffnet:
in den Sommermonaten tägl. 11–22 Uhr

⊖44 [D4] **Paradis**, Store Kongensgade
6, Tel. 33910110, www.paradis-is.dk,
geöffnet: in den Sommermonaten tägl.
12–20 Uhr

012kn Abb.: ld

⟲**45** [E6] **Café Oven Vande** ⁶⁶, Overgaden Ovenvandet 44, www.cafeovenvande. dk, Tel. 32959602, geöffnet: tägl. 10–24 Uhr. Dieses nette Café hat eine unschlagbare Lage direkt am Christians-

Für den späten Hunger

Hat die Restaurantküche bereits geschlossen, bietet die hauptstädtische Imbissszene immer noch einen lebensrettenden Snack an. Für die Wurst, den Hamburger oder den überbackenen Toast sollte man zu nächtlicher Stunde entweder die mobilen **pølsevogn** (Wurstwagen) oder die zahlreichen **Eckkioske** ansteuern, in denen zumeist auch einfache warme und kalte Stärkungen angeboten werden. Aber auch das **Café Sommersko** (s. S. 32) oder das **Café Obelix** (s. S. 31) bieten noch zu später Nachtstunde warme Speisen an.

havn-Kanal. Von den Fensterplätzen des Cafés aus kann man das Leben auf dem Wasser beobachten und im Sommer trennt einen nicht einmal mehr eine Glasscheibe vom bunten Treiben des Viertels. Toller morgendlicher Startpunkt für eine Stadterkundung: Brunch ab 129 kr.

⟲**46** [C4] **Café Sommersko,** Kronprinsensgade 6, Tel. 33148189, www.sommersko.dk, geöffnet: So.–Mi. 8–24, Do. 8–1, Fr. 8–3, Sa. 8–2 Uhr. Das Sommersko ist eine Institution des hauptstädtischen Gastronomielebens. Tagsüber hat es Cafécharakter und abends wird es eher zu Restaurant und Kneipe. Etwas Patina hat es in den letzten knapp 40 Jahren angesetzt, aber wer Retrocharme mag, ist hier genau richtig.

⟲**47** [E6] **Christianshavns Bådudlejning & Café,** Overgaden Neden Vandet 29, Tel. 32965353, www.baadudlejningen. dk, geöffnet: im Sommer tägl. 9–24, den Rest des Jahres 10–18 Uhr. Auf einem kleinen schwimmenden Ponton befindet sich diese urige Einkehrmöglichkeit. Am

Kai des Christianshavn-Kanals kann man den vorbeifahrenden Bootspassagieren im wahrsten Sinne des Wortes die Hand reichen oder selbst als Kapitän mit den Mietruderbooten auf große Fahrt gehen (pro Std. 100 kr, max. vier Personen).

⊙48 [B5] **Conditori La Glace,** Skoubogade 3, Tel. 33144646, www.laglace.dk, geöffnet: Mo.–Fr. 8.30–18, Sa. 9–18, So. 10–18 Uhr (April–September So. geschlossen). Seit über 140 Jahren dreht sich in diesem Lokal alles um Torten, Torten und nochmals Torten! Deshalb bitte bloß den Kalorienzähler zu Hause lassen und einfach die einmaligen Leckereien der ältesten Konditorei der Stadt genießen. Auch für Kuchenmuffel lohnt sich ein Besuch, da die historische Inneneinrichtung ein Genuss für die Augen ist. Köstliche Mitbringsel für die Daheimgebliebenen kann man ebenfalls erstehen. Die Qualität hat jedoch ihren Preis.

⊙49 [D4] **FIAT,** Kongens Nytorv 18, Tel. 33142277, www.f-i-a-t.dk, geöffnet: tägl. 12–22 Uhr (Küche pausiert jedoch zwischen 16 und 17.30). Die italienische Trattoria FIAT bietet im Herzen der Stadt preiswerte und gute Gerichte und ist eine echte Alternative zu den üblichen Fastfoodbuden und Schnellimbissen. Im Sommer kann man sogar an Tischen auf dem Trottoir speisen und die vorbeiflanierenden Passanten beobachten – fast wie in Italien.

⊙50 [dj] **Sebastopol,** Sankt Hans Torv 32, Tel. 35363002, www.sebastopol.dk, geöffnet: Mo.–Do. 8–24, Fr. 8–1, Sa. 9–1, So. 9–22 Uhr. Etwas abseits der touristischen Hauptrouten liegt eines der schönsten Cafés von Nørrebro. Ganz im französischen Stil gehalten lädt im Sommer der großzügige Außenbereich zum Verschnaufen, Stärken und natürlich Gucken ein. Auf der Speisekarte finden sich leckere Sandwiches und Salate sowie Kaffeespezialitäten, Bier und Wein.

Kopenhagen am Abend

Das Kopenhagener Nachtleben ist geografisch etwas schwer einzuordnen, da die meisten Stadtviertel ihr eigenes nächtliches Epizentrum besitzen. Deshalb sollte man gegebenenfalls ein oder zwei Areale auswählen und dort die Kneipen, Bars und Klubs unsicher machen. Sehr positiv: Einen Dresscode gibt es in den meisten Lokalitäten nicht und somit ist für eine bunte Mischung des Publikums gesorgt.

Bars und Kneipen

⊙51 [cn] **Bang & Jensen,** Istedgade 130, Tel. 33255318, www.bangogjensen.dk, geöffnet: Mo.–Fr. 7.30–2, Sa. 10–2, So. 10–24 Uhr. Früher wanderten hier Tabletten und Medizin über die Ladentheke, heute werden in der ehemaligen Apotheke Kaffee, Bier und leckere Gerichte zum Kunden hinübergeschoben. Viele Stammgäste sehen die Bar – oder ist es ein Café? – als ihr zweites Wohnzimmer an und an den Wochenenden werden nicht nur die Sitzgelegenheiten auf dem Gehsteig knapp. WLAN-Hotspot.

⊙52 [A5] **Heidi's Bier Bar,** Vestergade 18, Tel. 33327919, www.kbh.heidisbierbar.dk, geöffnet: Mo. 16–2, Di.–Mi. 16–3, Do. 16–5, Fr. 14–5, Sa. 16–5, So. 18–2 Uhr. Wer die Heimat nicht ganz hinter sich lassen kann, der ist in der Après-Ski-Kneipe (!) in der Nähe des Rathausplat-

◁ *In den Sommermonaten sind Sitzplätze auf dem Trottoir – hier vor dem Café Oven Vande – sehr populär*

zes gut aufgehoben. Ein idealer Ort, um ins wochenendliche Nachtleben zu starten. Die Bedienungen im Dirndl haben über 40 Biersorten im Angebot und bei Länderspielen der dänischen Nationalmannschaft gibt es für jedes Tor der Rot-Weißen ein Freibier pro Gast.

53 [dn] **Karriere Bar,** Flaesketorvet 57–67, www.karrierebar.com, Tel. 33215509, geöffnet: Do. 20–24, Fr./Sa. 20–4 Uhr. Die Karriere Bar einer Rubrik zuzuordnen, ist nicht einfach: Einerseits ist es eine ansprechende und angesagte Bar mit angeschlossenem Restaurant, andererseits eine begehbare Galerie, deren Interieur einer avantgardistischen Kunstausstellung gleicht. Egal wohin das Auge schweift, es bleibt immer wieder an ungewöhnlichen Schöpfungen hängen. Besonders facettenreich sind die diversen Lichtquellen des Hauses. Am Wochenende ist die Bar bei den jungen Hipstern Vesterbros ausgesprochen populär, da angesagte DJs bis spät in die Nacht auflegen.

54 [dk] **Kassen,** Nørrebrogade 18, Tel. 28886603, www.kassenbar.dk, geöffnet: Mi. 20–2, Do. 20–3, Fr. 14–4, Sa. 20–4 Uhr. Hier konzentrieren sich die Gäste auf das, was man in einer Bar zu tun pflegt: Es wird kräftig getrunken, da die Preise für Hauptstadtverhältnisse moderat sind. Eher legere Kleidung ist angesagt und besonders die freitägliche Happy Hour (14–22 Uhr, zwei Getränke zum Preis von einem) lockt ab dem frühen Abend die Feierlustigen an. Gute und starke Cocktails. WLAN-Hotspot.

55 [cm] **Kung Fu Bar,** Sundevedsgade 5, Tel. 33318409, www.kungfubar.dk, geöffnet: Mi.–Sa. ab 17.30 Uhr. Als Vorbild der Kung Fu Bar dienen japanische Izakayas: wenig formelle Kneipen mit kleinen, aber feinen Gerichten und einer großen Getränkekarte. Die Speisen sind japanisch geprägt und sogar Nippons führende Biermarken sind erhältlich.

56 [dn] **Malbeck vinbar,** Istedgade 61, Tel. 33311970, www.malbeck.dk, geöffnet: Mo.–Do. 16–24, Fr./Sa. 16–2 Uhr. Der Name der urigen Weinbar in Vesterbro ist Programm: Malbeck ist die Nationaltraube Argentiniens und auf der Weinkarte findet man ausschließlich Weine des südamerikanischen Landes. Flaschen sind ab ca. 200 kr erhältlich, aber für den richtigen Kenner gibt es auch edle Tropfen im Bereich von über 1500 kr. Kleine Snacks runden den Genuss ab.

57 [cn] **McKluud,** Istedgade 126, Tel. 33316383, www.mckluud.dk, geöffnet: tägl. 14–2 Uhr. Die Betreiber des McKluud widersetzen sich konsequent und vehement jeglichen Modernisierungsbestrebungen: Das Interieur blieb seit der Eröffnung in den 1970er-Jahren unangetastet – und einige Stammgäste scheinen seit dieser Zeit auch ununterbrochen auf ihren Barhockern zu sitzen! Besonders am Wochenende kommen auch jüngere Leute in die Westernkneipe, um Billard zu spielen oder ein billiges Flaschenbier zu verkösten. Eine typisch dänische Eckkneipe, eine Spezies, die leider im Aussterben begriffen ist.

58 [dj] **Mexibar,** Elmegade 27, Tel. 35377766, www.mexibar.com, geöffnet: Mo. 19–1, Di.–Do. 19–2, Fr. 15–3, Sa. 19–3 Uhr. Es wird – selbst für gebürtige Kopenhagener – schwierig sein, eine Cocktailbar mit attraktiveren Preisen und großzügiger ausgeschenkten Getränken ausfindig zu machen. Die kitschige Inneneinrichtung gefällt einem spätestens nach dem zweiten Longdrink. Am Wochenende platzt die Mexibar oft aus allen Nähten, deshalb empfiehlt sich frühes Erscheinen.

59 [dk] **Ølbaren,** Elmegade 2, Tel. 35354534, www.oelbaren.dk, geöffnet: Mo. 21–1, Di.–Do. 16–1, Fr. 15–1, Sa. 16–1 Uhr, So. 13–23 Uhr. Dänisches Øl hat nichts mit dem deutschen Öl gemein:

Øl bedeutet Bier und davon gibts in der Ølbaren reichlich Auswahl. Dutzende von Biersorten aus aller Herren Länder stehen auf der üppigen Getränkekarte. Dem durstigen Gast bleibt da nur die Qual der Wahl.

◐60 [cn] **Riesen Bar**, Oehlenschlægersgade 36, Tel. 33230734, geöffnet: Mi.–Sa. 20–3.30 Uhr. Die Riesen Bar ist trotz ihres Namens eher bescheiden und übersichtlich. Obwohl diese Getränkequelle ebenerdig liegt, hat sie – ohne despektierlich klingen zu wollen – den rauen Charme einer Kellerbar. Die Gäste setzen sich aus Stammkunden der Nachbarschaft, aber auch aus studentischer Klientel zusammen. Alle eint jedoch: Modischer Schnickschnack wird abgelehnt und die Musik der 1980er-/ 1990er-Jahre war doch einfach die beste!

❶61 [B5] **Ruby Bar**, Nybrogade 10, Tel. 33931203, www.rby.dk, geöffnet: Mo.– Sa. 16–2, So. 19–1 Uhr. Für seine exzellenten Cocktails wurde die Ruby Bar sogar schon von der New York Times geadelt – und das absolut zu Recht. Erstklassige Barkeeper mixen feinste Bestandteile zu tollen Kreationen und die Inneneinrichtung des Bauwerks aus dem 18. Jahrhundert veredelt das Gesamterlebnis. Preislich spielt die Bar ebenfalls in der oberen Liga.

❶62 [em] **The Library Bar**, Bernstorffsgade 4, Tel. 33149262, www.librarybar. dk, geöffnet: Mo.–Do. 16–24, Fr./Sa. 16–1.30 Uhr. Wer noch nie ein typisch englisches Herrenhaus des 19. Jahrhunderts von innen gesehen hat, der kann dies ganz in der Nähe des Kopenhagener Hauptbahnhofs nachholen. Tiefe Ledersessel, dunkle Bücherregale, schwere Ölgemälde und eine „historische Atmosphäre" machen die „Bibliothek-Bar" zu einem ganz besonderen Ort. Hervorragend sortierte Bar, die jedoch auch ihren Preis hat.

Smoker's Guide

Analog zum weltweiten Trend werden den Rauchern auch in Dänemark die Daumenschrauben angezogen. Seit einigen Jahren schon ist das **Rauchen in allen öffentlichen Gebäuden, Restaurants, Cafés und Bars untersagt** und nur wenige Etablissements bieten spezielle Raucherzimmer an, in denen jedoch weder getrunken noch gegessen werden darf. Im dänischen Anti-Rauch-Gesetz gibt es nur eine winzige Lücke: In Gaststätten mit weniger als 40m² Grundfläche, die keine frischen Speisen servieren, darf weiterhin geraucht werden. Ansonsten bleibt den Nikotinjüngern nur das Trottoir.

Klubs und Discos

❶63 [dn] **Bakken (I Kødbyen)**, Flæsketorvet 19–21, www.bakkenkbh.dk, geöffnet: Fr./Sa. 18–4 Uhr. Das alte Schlachthofareal in Vesterbro ist aktuell eine der angesagtesten Gegenden des hauptstädtischen Nachtlebens. Am Wochenende legen wechselnde DJs auf und vor dem Klub bilden sich lange Schlangen. Im Sommer gibt es auch ein belebtes Freiluftareal im Hinterhof, in dem bis in den frühen Morgen gefeiert wird – die Nachbarschaft ist unbewohnt und niemand fühlt sich in seiner Nachtruhe gestört.

❶64 [D3] **Culture Box**, Kronprinsessegade 54, Tel. 33325050, www.culture-box. dk, geöffnet: Fr./Sa. ab 21 bzw. 23 Uhr. Ob Techno, House oder Dubstep – in der Culture Box ist jegliche Musik beheimatet, solange sie elektronisch ist! In der angeschlossenen Cocktail Box (ab 21 Uhr) kann man sich auf die anstehende Nacht vorbereiten.

❶65 [ci] **Drone Bar**, Nørrebrogade 184, geöffnet: Do.–Sa. 22–5 Uhr. Jeden Donnerstag beginnt die Woche in der Keller-

EXTRATIPP

Kødbyen: vom Schlachthof zum angesagten Ausgehviertel

Wenn New York seinen Meatpacking District hat, dann soll Kopenhagen da nicht hintenanstehen. So oder ähnlich mögen die Ratsherren gedacht haben, als sie 2005 die **Wiederbelebung** des heruntergekommenen **Schlachthofviertels Kødbyen** beschlossen. Seitdem haben sich **Künstler** und **Gastronome** hier angesiedelt und die bunte Mischung in dem rauen Viertel hat einen ganz besonderen Charme entwickelt. Bei den jungen bis mittelalten Kopenhagenern eines der angesagtesten Viertel, in dem es bis tief in die Nacht hoch hergeht.

Man erreicht das Schlachthofviertel ganz einfach vom Halmtorvet [dm] aus: Über die Straßen Slagterboderne oder Høkerboderne stößt man ins Herz des Viertels vor, das sich rund um den Flæsketorvet [dn] befindet.

bar mit Live-Auftritten kleinerer und relativ unbekannter Bands. Es geht hier eher hemdsärmelig zu, aber dafür sind die Bierpreise für Kopenhagener Verhältnisse auch moderat: Das Flaschenbier kostet 25 kr. Zu später Stunde füllt sich dann auch die kleine Tanzfläche.

❼66 [A3] **Isola**, Israels Plads, Linnésgade 16a, www.isolabar.dk, Tel. 22268186, geöffnet: Do.–Sa. 18–5 Uhr. Für Freunde der guten, handgemachten Rockmusik ist das Isola genau der richtige Ort. Bodenständige Gäste, kein Dresscode und Hopfen und Malz statt bunter Schirmchen sind Eckpfeiler des Konzepts.

❼67 Park Café & Nightclub, Østerbrogade 79, Tel. 70333222, www.parkcafe.dk, geöffnet: Fr./Sa. 23–5 Uhr. Erst zu spä-

ter Stunde – und dann auch nur an den Wochenenden – wird aus dem Café und Restaurant ein richtiger Tanzschuppen. Musik und Publikum gehen querbeet, aber eines gilt: Die Türsteher achten sehr genau auf die angemessene Kleiderwahl. Um Einlass zu finden, sollte man bei der Garderobe optisch eine Schippe zulegen. Streetwear, Turnschuhe oder Basecaps sind No-gos!

❼68 [dj] **Rust**, Guldbergsgade 8, Tel. 35245200, www.rust.dk, geöffnet: Mi.–Sa. ab 23 Uhr. Klassische Nachtlebenlokalität, die erstmals ihre Türen öffnete, als Klubs noch Disco hießen (1989). Vier Bars verteilen sich auf drei Etagen und das Musikspektrum reicht von Indierock bis Hip-Hop. Eher jüngeres Publikum ohne besonderen Szeneschwerpunkt. Außerdem dient das Rust als bekannte Musikbühne mit mehreren Konzerten wöchentlich.

❼69 [cn] **Vega**, Enghavevej 40, Tel. 33257011, www.vega.dk. Das Vega ist *die* Konzertlocation der Stadt. Jährlich finden hier über 250 Konzerte statt, die sich auf die beiden Säle Store Vega (Kapazität 1500 Plätze) und Lille Vega (500 Plätze) verteilen. Skandinavische und internationale Größen wie David Bowie, Kylie Minogue oder Moby haben das Vega schon zum Brodeln gebracht. In der Vega Lounge und in der Ideal Bar, beide im gleichen Komplex gelegen, fordern DJ-Größen zum Tanz auf.

❼70 [C4] **Zoo Bar**, Sværtegade 6, Tel. 33156869, www.zoobar.dk, geöffnet: Mo.–Mi. 11–24, Do. 11–2, Fr./Sa. 11–4 Uhr. An den Öffnungszeiten erkennt man es bereits: Tagsüber herrscht hier der Küchenchef, während insbesondere von Donnerstag bis Samstag zu späterer Stunde der DJ das Kommando übernimmt. Somit kann man nach dem Essen die Kalorien gleich wieder auf der Tanzfläche loswerden. Nicht ganz preiswert.

Theater und Konzerte

71 [C4] **Jazzhus Montmartre,** Store Regnegade 19a, www.jazzhusmontmartre.dk, Tel. 70263267, geöffnet: Do.–Sa. 17.30–23.30 Uhr. Seit 2010 logiert das Jazzhus wieder in der gleichen Lokalität wie zur Zeit seiner Gründung im Jahr 1959. Drei Abende wöchentlich öffnet *die* Jazzinstitution der Stadt seine Pforten und nationale wie internationale Jazzgrößen spielen dann auf. Ein integriertes Restaurant rundet den Besuch ab bzw. verkürzt die Wartezeit vor dem Konzert.

15 [D4] **Königliches Theater (Det Kongelige Teater).** Die „Mutter" aller hauptstädtischen Schauspiel- und Musikbühnen am Kongens Nytorv.

72 **Konzerthaus (DR Koncerthuset),** Emil Holms Kanal 20, Metro: DR Byen, www.dr.dk/koncerthuset, Tel. 35206262, Kartenverkauf im Kundenzentrum des Konzerthauses werktags 12–17 Uhr, in den Filialen der Elektronikkette Fona oder unter www.billetlugen.dk. Seit 2009 dient das moderne Konzerthaus des dänischen Rundfunks als erste Adresse für klassische Musik. Im großen Konzertsaal des vom französischen Architekten Jean Nouvel entworfenen Gebäudes finden 1800 Zuhörer Platz. Drei kleinere Auditorien ergänzen das Konzept.

29 [F4] **Oper (Operaen).** Per Wasserbus erreicht man das imposante Operngebäude auf der östlichen Hafenseite am einfachsten. Moderne Architektur und klassische Stücke gehen hier eine würdevolle Symbiose ein.

73 [A5] **Pumpehuset,** Studiestræde 52, www.pumpehuset.dk, geöffnet: nur bei Konzerten. Viele Jahrzehnte beförderten hier drei dampfgetriebe Pumpen das Wasser in die Kopenhagener Haushalte. Seit 1987 pumpen hier nur noch die Bässe der diversen Rock-, Pop- und Hip-Hop-Bands. Nach ökonomischen Problemen temporär geschlossen hat das Pumpehuset seit Herbst 2011 wieder einen vollen Veranstaltungskalender.

› **Rust** (s. S. 36). Konzertarena und Klub, Live-Events und Musik aus der Konserve.

17 [E4] **Schauspielhaus (Skuespilhuset),** siehe Näheres hierzu unter „Kopenhagen entdecken".

74 [A6] **Tivolis Konzertsaal,** Vesterbrogade 3, Tel. 33151012, www.tivoli.dk, Eintritt: Karten sind im Tivolis Billetcenter (links vom Haupteingang) erhältlich (Mo.–Fr. 9–20, Sa.–So. 10–20 Uhr, außerhalb der Saison werktags 9–17 Uhr) oder unter www.billetlugen.dk. Mit knapp 1900 Sitzplätzen ist der Konzertsaal im Tivoli der größte der Stadt. Das Programm ist so bunt wie der Vergnügungspark und reicht von Rock und Pop über Musical und Klassik bis hin zu Ballett.

› **Vega** (s. S. 36). Das „Who is who" der nationalen und internationalen Musikszene spielt(e) hier auf.

013kn Abb.: ld

▷ *Das Schauspielhaus* **17** *liegt direkt am Hafen*

Kopenhagen für Kunst- und Museumsfreunde

Nach musealen Höhepunkten muss in Kopenhagen niemand lange suchen. Es ist eher umgekehrt: Eine beeindruckende Vielzahl an Museen verteilt sich über das Stadtgebiet und bietet von klassischer bis moderner Kunst, von Literaten bis Zeichnern, von Wikingern bis zum dänischen Widerstand alles, was sich der interessierte Besucher nur vorstellen kann.

Museen

> **Amalienborg Museum,** Schloss Amalienburg ⑱. Ob Königin Margrethes Prunkkleider oder royale Möbel aus vergangenen Jahrhunderten: Im Schlossmuseum kommt man den Blaublütern sehr nahe.

🏛**75** [A3] **Arbeitermuseum (Arbejdermuseet),** Rømersgade 22, S-Bahn und Metro: Nørreport, Tel. 33932575, www. arbejdermuseet.dk, geöffnet: tägl. 10–16 Uhr, Eintritt: Erwachsene 65 kr, unter 18 Jahren gratis. Das Arbejdermuseet informiert über die Geschichte der Arbeit und der Arbeiterbewegung. Ob man eine originalgetreue Arbeiterwohnung vom Anfang des 20. Jahrhunderts betreten will oder der Entwicklung der politischen Plakate nachgehen möchte, hier findet man alles.

㉒ [C2] **Dänische Nationalgalerie (Statens Museum for Kunst).** Ein breit gefächertes Spektrum mit Werken dänischer und internationaler Künstler wird in der Nationalgalerie ansprechend präsentiert.

🏛**76** [E3] **Designmuseum,** Bredgade 68, S-Bahn: Østerport, Metro: Kongens Nytorv, http://designmuseum.dk, Tel. 33185656, geöffnet: Di.–So. 11–17, mittwochs bis 21 Uhr, Eintritt: Erwachsene 75 kr, unter 18 Jahren frei. In dem wunderschönen Rokoko-Ensemble des vormaligen königlichen Frederiks Hospitals gelegen präsentiert das Designmuseum Entwürfe und Kreationen von dänischen Koryphäen wie Arne Jacobsen oder Poul Henningsen. Das Spektrum reicht von Industriedesign über Kunsthandwerk bis hin zu Sammlungen historischer Textilien und Kleider. Ergänzt werden die permanenten Ausstellungen durch wechselnde Spezialpräsentationen.

🏛**77** **Experimentarium,** Tuborg Havnevej 7, Buslinie 1A, 14, Haltestelle: Tuborg Boulevard (ca. 7 km vom Stadtzentrum entfernt), www.experimentarium.dk, Tel. 39273333, geöffnet: Mo. 9.30–17, Di. 9.30–21, Mi.–Fr. 9.30–17, Sa.–So. 11–17 Uhr, Eintritt: 3–11 Jahre 108 kr, ab 12 Jahre 170 kr. „Klüger werden auf die spaßige Art" ist so etwas wie der Werbeslogan des Experimentariums. Das Wissenschaftscenter richtet sich besonders an Kinder bzw. Junggebliebene. Interaktive Spiele und Experimente zu Natur, Technik, Unwelt und Gesundheit vermitteln auf sehr unterhaltsame Weise naturwissenschaftliches Wissen und größere Zusammenhänge. Die sogenannten „Piloten" führen Experimente durch, an denen jeder Besucher aktiv teilhaben kann. Deshalb vorher das Tagesprogramm studieren, damit man nichts verpasst!

🏛**78** [E6] **Flottenmuseum (Orlogsmuseet),** Overgaden oven Vandet 58, Metro: Christianshavn, www.orlogsmuseet.dk, geöffnet: Di.–So. 12–16 Uhr, Eintritt: Erwachsene 60 kr, unter 18 Jahren frei, mittwochs für alle frei. In einem alten Marinekrankenhaus logiert seit 1989 das staatliche Flottenmuseum. Das Museum präsentiert einen umfassenden Überblick über die Geschichte der militärischen Seefahrt vom Mittelalter bis in die Moderne. Ob historische Schiffsbautechniken oder dänische U-Boote – alles wird hier ausführlich thematisiert.

79 [E2] **Freiheitsmuseum (Frihets-museet)**, Churchillparken 7, Buslinien 1A, 15, Haltestelle: Esplanaden/Grøn-ningen. Tel. 33473921, www.natmus.dk, geöffnet: Di.–So. 10–16 Uhr, im Winterhalbjahr nur bis 15 Uhr, Eintritt: frei. Das Freiheitsmuseum wurde Ende April 2013 Opfer einer Brandstiftung. Während dabei des Gebäude weitge-hend zerstört wurden, konnten große Teile der Sammlung vor den Flammen gerettet werden. Das Freiheitsmuseum beleuchtete die fünf finstersten Jahre des deutsch-dänischen Verhältnisses. Von der Invasion im April 1940 über die ersten Jahre der Anpassung bis hin zum offenen dänischen Widerstand und den Terrormaßnahmen der Nazis wurde die Geschichte chronologisch dargestellt. An gleicher Stelle soll nun zeitnah ein moderner Museumsneubau entstehen. Bitte vor Ort aktuell informieren!

80 [C2] **Hirschsprungsche Sammlung (Hirschsprungske Samling)**, Stock-holmsgade 20, S-Bahn: Nørreport oder Østerport Station, Metro: Nørreport, Buslinien 6A, 14, 40, 42, 43, 150S, 184 und 185, Haltestelle: Sølvtorvet, Tel. 35420336, www.hirschsprung.dk, geöffnet: Di.–So. 11–16, Eintritt: 75 kr (Mi. gratis), Kinder und Jugendliche unter 18 Jahre frei. Namensgebend waren Heinrich und Pauline Hirschsprung. Heinrich entstammte einer ursprüng-lich deutsch-jüdischen Familie, die sich 1826 in Kopenhagen niedergelassen und mit dem Tabakhandel ein Vermögen gemacht hatte. Parallel zur Übernahme des familiären Betriebs begann Heinrich im letzten Drittel des 19. Jahrhunderts, eine imposante Kunstsammlung zusam-menzustellen. Der Fokus lag dabei auf Malereien einheimischer Künstler des 19. Jahrhunderts wie P.S. Krøyer und seinem Skagener Bilderzyklus und den Größen des Goldenen Dänischen Zeital-ters wie C.W. Eckersberg oder Wilhelm

Museen, die mit einer magentafarbe-nen Nummer (**22**) als Hauptsehens-würdigkeit ausgewiesen sind, werden im Kapitel „Kopenhagen entdecken" ausführlich beschrieben. Dort finden sich auch alle praktischen Informatio-nen wie Adresse, Öffnungszeiten usw.

Bendz. Neben 700 Exponaten können auch die zeitgenössischen Möbel der Künstler besichtigt werden. Anfang des 20. Jahrhunderts überließen die Hirsch-sprungs ihre kostbare Sammlung dem dänischen Staat und 1911 öffnete das Museum seine Tore.

81 [C6] **Jüdisches Museum (Dansk Jødisk Museum)**, Proviantpassagen 6, Buslinien 2A, 40, 66, Haltestelle: Bør-sen, Wasserbusse 901, 902, Halte-stelle: Sorte Diamant, Tel. 33112218, www.jewmus.dk, geöffnet: Juni–August Di.–So. 10–17 Uhr, restl. Jahr Di.–Fr. 13–16, Sa.–So. 12–17 Uhr, Eintritt: Erwachsene 50 kr, unter 18 Jahren frei. Das Museum ist im Gegensatz zu ande-ren seiner Art in Europa ein „hoffnungs-frohes" Bauwerk, da es an die Rettung der 7000 dänischen Juden vor dem Holocaust erinnert. Den äußeren Rah-men des Museums stellt das alte königli-che Bootshaus dar, während im Inneren die Räumlichkeiten so angeordnet sind, dass sie den jüdischen Begriff „Mitz-vah" („die gute Tat") formen und auf die Evakuierung der dänischen Juden nach Schweden anspielen. Erdacht hat die spektakuläre Innengestaltung mit schrä-gen Wänden und Decken der US-Archi-tekt Daniel Libeskind, der auch das Jüdi-sche Museum in Berlin entworfen hat.

82 [C6] **Königliches Zeughausmuseum (Tøjhusmuseet)**, Tøjhusgade 3, Bus-linien 2A, 40, 66, Haltestelle: Børsen, Tel. 33116037, www.thm.dk, geöffnet: Di.–So. 12–16 Uhr, Eintritt: Erwachsene

Kopenhagen für Kunst- und Museumsfreunde

014kn Abb.: ld

60 kr, unter 18 Jahren frei, Mi. grundsätzlich für alle kostenlos. Seit der Zeit Christians IV. um 1600 wurden im Tøjhuset, dem Zeughaus, Kanonen, Waffen und sonstiges Kriegsmaterial gelagert. Vor knapp 200 Jahren wurde aus dem Arsenal die Historische Waffensammlung und heute beherbergt es das Staatliche Verteidigungshistorische Museum. Die Haupthalle ist beeindruckende 163 m lang und 23 m hoch. In ihr illustrieren Hunderte von Exponaten die Geschichte der Artillerie vom Mittelalter bis ins heutige Raketenzeitalter. Im ersten Stock befindet sich die Rüstkammer mit Rüstungen und Kleinwaffen. Die permanenten Ausstellungen werden von wechselnden Sonderpräsentationen ergänzt.

🏛83 [G2] **Kriegsschiffe auf Holmen (Skibene på Holmen),** Elefanten, Nyholm, Buslinie 66, Haltestelle: Fabrikmestervej, Wasserbusse 901, 902, Haltestelle: Holmen nord, www.skibe paaholmen.dk, geöffnet: während der dän. Sommerferien (Ende Juni–Mitte Aug.) und der Herbstferien (Mitte Okt.) tägl. 11–17 Uhr, Eintritt: Sammelticket für alle drei Schiffe 100 kr (3–17 Jahre 35 kr), nur Sehested und Sælen 60 kr (unter 18 Jahren frei), nur Peder Skram

60 kr (3–17 Jahre 35 kr), Eintrittskarten werden auf der Fregatte Peder Skram verkauft. Das militärische Freilichtmuseum befindet sich auf dem Areal der dänischen Marine. Es besteht aus dem Torpedoboot Sehested, dem U-Boot Sælen und dem vormaligen Flaggschiff der dänischen Wasserstreitkräfte, der Peder Skram. Die Sehested und die Sælen können nur im Rahmen von geführten Rundgängen besucht werden, während die Peder Skram auf eigene Faust erkundet werden kann.

🏛84 [D4] **Kunsthalle Schloss Charlottenborg (Kunsthall Charlottenborg Slot),** Nyhavn 2, Metro: Kongens Nytorv, www.kunsthalcharlottenborg.dk, Tel. 33369050, geöffnet: Di.–So. 11–17, Mi. bis 20 Uhr, Eintritt: Erwachsene 60 kr, unter 16 Jahren frei, Mi. nach 17 Uhr freier Eintritt für alle. Aus der Nebenresidenz der königlichen Familie wurde vor über 250 Jahren der Sitz der Königlichen Kunstakademie und sie dient inzwischen auch als kultureller Veranstaltungsort für Musik und Film sowie als Ausstellungshalle. Den Veranstaltungskalender kann man online einsehen und ganz offline im gemütlichen Café im Innenhof einen Kaffee zu sich nehmen.

❯ **Nationales Fotomuseum (Det Nationale Fotomuseum)**, im Schwarzen Diamanten **12**, Buslinie 66, Haltestelle: Det Kongelige Bibliothek, Tel. 33474747, www.kb.dk, geöffnet: Mo.–Sa. 10–19 Uhr, Eintritt: Erwachsene 40 kr, Kinder bis 16 Jahre frei. Im Komplex der Königlichen Bibliothek gelegen bietet das Fotomuseum eine Reise durch 150 Jahre Fotogeschichte. Über 50.000 Werke befinden sich im Fundus des Museums und sind nach inländischen und ausländischen Fotografen sortiert. Flankiert wird die permanente Ausstellung von wechselnden Präsentationen wie preisgekrönten Pressefotos oder thematisch ausgerichteten Fotoserien.

🏛85 [B6] **Nationalmuseum (Nationalmuseet)**, Ny Vestergade 10 (im Prinzenpalais), Buslinie 11A, Haltestelle: Nationalmuseet Hovedindgang, Tel. 33134411, www.natmus.dk, geöffnet: Di.–So. 10–17 Uhr, Eintritt: kostenlos. Nicht nur für Historiker, sondern auch für Laien ist das Nationalmuseum einen längeren Besuch wert. Ausgesprochen interessant gestaltet werden unterschiedliche Epochen der dänischen Geschichte beleuchtet: Ob dänische Neandertaler, Wikinger auf Beutezug oder das Leben auf Grönland – viele Facetten der dänischen Historie werden präsentiert. Toll ist auch das integrierte Kindermuseum (Børnenes Museum), das die Kleinen in eine mittelalterliche Burg entführt oder das Alltagsleben von Oma und Opa zeigt, als Smartphones höchstens in Science-Fiction-Filmen auftauchten.

❷ [B6] **Ny Carlsberg Glyptotek.** In dem von der Carlsberg-Brauerei unterstützten Museum ist hochwertige Kunst von der Antike bis ins 19. Jahrhundert zu sehen.

◁ *Vom Stolz der dänischen Marine zum Flottenmuseum: die Kriegsschiffe auf Holmen*

⓫ [C5] **Schloss Christiansborg.** Das Schloss mitten in der Stadt bietet verschiedene Besichtigungsmöglichkeiten, u. a. sind das Folketing (das dänische Parlament), königliche Repräsentationsräume, Ställe und Kutschen sowie ein Theatermuseum zu sehen.

⓴ [C3] **Schloss Rosenborg und Schatzkammer.** Das wunderschöne Schloss und die es umgebende Parkanlage locken die Besucher an. Herzstück des royalen Anwesens sind die Kronjuwelen.

🏛86 [dm] **Stadtmuseum (Københavns Museum)**, Vesterbrogade 59, Buslinien 6A, 26, Haltestelle: Vesterbros Torv, Tel. 33210772, www.copenhagen.dk, geöffnet: tägl. 10–17 Uhr, Eintritt: Erwachsene 40 kr, unter 18 Jahren gratis. 500 Jahre Stadtgeschichte müssen nicht staubig, trocken und langweilig sein, wie das Kopenhagener Stadtmuseum beweist. Die Verknüpfung von gesellschaftlichen Themen mit hauptstädtischen Entwicklungen werden in Ausstellungen wie „Unter den Flügeln der Demokratie" oder „Wie wird man Kopenhagener" deutlich aufgezeigt. Aber auch die Geschichte des städtischen Mülls von damals bis heute oder die neusten archäologischen Entdeckungen im Rahmen des Metrobaus werden auf großflächigen Fotos dargestellt.

🏛87 [bm] **Storm P. Museum,** Frederiksberg Runddel, Metro: Fredriksberg, Tel. 38860500, www.stormp.dk, geöffnet: Di.–So. 10–16 Uhr, Eintritt: Erwachsene 45 kr, unter 18 Jahren frei. Das Anfang 2012 renovierte Museum ist *die* Pilgerstätte für Fans von Robert Storm Petersen, den die ganze Welt nur als Storm P. kennt. Der dänische Maler, Schauspieler und Cartoonist hinterließ 30.000 Skizzen und Zeichnungen, die man teilweise im Museum besichtigen kann. Besonders berühmt sind seine gezeichneten Serien, die in dänischen Tageszeitungen abgedruckt wurden.

Kopenhagen für Kunst- und Museumsfreunde

⑩ [C5] **Thorvaldsens Museum.** Ein beeindruckender Museumsbau in Kombination mit erstklassigen Exponaten des berühmtesten dänischen Bildhauers sind definitiv einen Besuch wert.

㉟ [dm] **Tycho Brahe Planetarium.** Das Planetarium gibt einen Einblick in die unendlichen Weiten des Alls und zeigt faszinierende Filmvorführungen im modernen Lichtspieltheater.

ⓜ88 [di] **Zoologisches Museum (Zoologisk Museum)**, Universitetsparken 15, Buslinien 18, 42, 43, Haltestelle: Jagtvej/Lersøpark Allé, Tel. 35322222, www.zoologi.snm.ku.dk, geöffnet: Di.–So. 10–17 Uhr, Eintritt: Erwachsene 75, Kinder (von 3–16 Jahren) 40 kr. Vom Zoologischen Museum fühlen sich Erwachsene wie Kinder gleichermaßen angezogen. Eine permanente Evolutionsausstellung rund um die Theorien Charles Darwins spricht die älteren Besucher an, während die Schubladen im „Magasinet" den Jüngeren spannende Inhalte versprechen und man einem Dinosauriergebiss wortwörtlich auf den Zahn fühlen kann. Dänemarks Tiergeschichte beginnt mit einem 20.000 Jahre alten Mammut und endet bei der heutigen Fauna. Die Präsentation von Eis, Tundra und Nadelwald bezieht sich auf die nördlichen Klimazonen. Im Museumscafé trinken die Älteren Heißgetränke und die Jüngeren erstehen im Museumsshop ein Plüschmammut.

Kunstgalerien

♟89 [D1] **Den Frie Udstillingsbygningen,** Oslo Plads 1, S-Bahn: Østerport, Tel. 33122803, www.denfrie.dk, geöffnet: Di.–Fr. 12–17, Do. bis 21, Sa.–So. 10–17 Uhr, Eintritt: Erwachsene 45 kr, Kinder bis 12 Jahre frei. Das „Freie" wurde bereits 1891 aus Protest gegen die staatliche Zensur der Kunst gegründet. Es ist heute die älteste Künstlervereinigung des Landes und bietet insbesondere modernen und experimentellen Kunstformen eine Bühne.

♟90 [bn] **Fotografisk Center,** Pasteursvej 14 (1. Etage), S-Bahn: Enghave Station, Tel. 33930996, www.photography.dk, geöffnet: Di.–Fr. 11–17, Sa.–So. 12–16 Uhr. Für Fotofreunde eine der Topadressen der Stadt mit 6 bis 8 Ausstellungen jährlich. Von Fotojournalismus bis hin zu künstlerischen Interpretationen der Fotokunst ist hier alles zu finden.

♟91 [dn] **Øksnehallen,** Halmtorvet 11, S-Bahn: Hauptbahnhof, Tel. 33298119, www.dgi-byen.dk/oeksnehallen. Mitten im alten Schlachthofviertel der Stadt gelegen, stellt die vormalige Rinderhalle heute eines der kulturellen (und kommerziellen) Vorzeigeobjekte der Stadt dar. Neben Messen und Luxusflohmärkten finden immer wieder Kunstausstellungen in der denkmalgeschützten Halle statt. Man sollte sich vorher informieren, damit man nicht plötzlich ungewollt in eine Hochzeitsmesse gerät.

♟92 [D6] **Overgaden,** Overgaden neden Vandet 17, Metro: Christianshavn, Tel. 32577273, www.overgaden.org, geöffnet: Di.–So. 13–17, Do. bis 20 Uhr, Eintritt: frei. Das Programm des Instituts für Gegenwartskunst umfasst wechselnde Ausstellungen, Videoinstallationen und Debatten. Moderne Kunst in vielerlei Ausformungen findet hier ihre Bühne.

♟93 [dn] **V1 Gallery,** Flæseketorvet 69–71, S-Bahn: Dybbølsbro oder Hauptbahnhof, www.v1gallery.com, Tel. 33310321, geöffnet: Mi.–Fr. 12–18, Sa. 12–16 Uhr. Avantgardistisch, modern und unkonventionell sind sowohl die ausstellenden Künstler wie auch deren Werke. Mit etwas Glück und/oder visionärem Blick kann man hier Kunstwerke für kleines Geld erstehen, die später vielleicht zu wertvollen Klassikern reifen werden. Aber auch Bücher und Ausstellungsplakate sind im Angebot.

Kopenhagen zum Träumen und Entspannen

Gerade in lebendigen und brodeln-den Metropolen sucht man gern mal für einige Stunden Orte auf, die Ruhe und Entspannung versprechen. Auch in Kopenhagen gibt es solche Oasen.

Nördlich der Innenstadt findet man den **Fælledparken**, der auf 58 Hektar Fläche einfach alles bietet, was ein modernes Grünareal haben sollte und ein gestresster Großstädter benötigt: ein riesige **Rasenfläche**, auf der diversen Sportarten nachgegangen wird oder man sich im Sommer faul auf seiner Decke räkeln kann. In der nordwestlichen Ecke des Parks liegt ein beschaulicher, von Menschenhand geschaffener **See**, der auf einem von hohen Bäumen und Strauchwerk flankierten Fußweg umwandert werden kann. Man muss nicht einmal tief in den Park eindringen, um den Verkehrslärm hinter sich zu lassen und die frische Parkluft genießen zu können. Um kommerziellen Interessen vorzubeugen, wurde die grüne Lunge Østerbros bereits in den 1960er-Jahren unter besonderen Schutz gestellt. Für Besucher, die gerne mit Skateboard reisen, ist der Fælledparken sicherlich die erste anzusteuernde Adresse der Stadt. 2011 eröffnete hier **der größte Skaterpark Nordeuropas** (4600 m²). Auch ohne eigenes Rollbrett lohnt es sich, den artistischen Sportlern bei ihrem Tun zuzuschauen.

●**94** [ei] **Fælledparken,** Øster Allé 25, Buslinie 15, Haltstelle: Parken

Ein hügeliges, dicht bewachsenes Areal und ein halbkreisförmiger See mitten im Stadtzentrum bilden den **Ørstedsparken.** Entstanden ist der romantische Park – wie einige ande-

☑ *Schloss Rosenborg* **20***, vom Königlichen Garten umgeben, zieht nicht nur Fotografen an*

re Grünflächen der Stadt auch – im letzten Drittel des 19. Jahrhunderts, als die alten Befestigungsanlagen der Stadt ihre ursprüngliche Bedeutung verloren und einer zivilen Nutzung zugeführt wurden. Der 1,8 Hektar große See stellte zuvor noch einen Teil des Wassergrabens dar und die Parkhügel waren die Erdwälle, an denen feindliche Angriffe abprallen sollten.

Heute bevölkern besonders Familien mit Kindern die grüne Oase, da zwei **Spielplätze** den Nachwuchs bestens unterhalten und beschäftigen. Die älteren Besucher freuen sich über die **öffentlichen Grillplätze:** Im Sommer einfach Kaltgetränke, Grillgut und Brennkohle mitbringen und fertig ist die Grillparty! Nach Einbruch der Dunkelheit ändert sich das Publikum allerdings. In den dicht bewachsenen Arealen treffen sich v. a. homosexuelle Männer zu unverbindlichen Kontakten.

●95 [A4] **Ørstedsparken,** Nørre Farimagsgade, S-Bahn oder Metro: Nørreport

Im Sommer sind auch der **Königliche Garten** ⓴ und die Wiesen am Meeresschwimmbad von **Islands Brygge** ㉕ zentrumsnahe und beliebte Erholungsorte und der optimal mit der Metro angebundene **Amager Strand** ㉚ ist zu jeder Jahreszeit der perfekte Ort, um bei frischem Ostseewind die Seele baumeln zu lassen.

KLEINE PAUSE

Erfrischungspause im Fælledsparken

Von April bis September wird man mitten im wunderschönen Parkareal auch kulinarisch verwöhnt. In dem frisch renovierten **Café Pavillonen** werden Getränke und kleine Speisen gereicht und selbstverständlich kann man auch unter freiem Himmel sitzen und dabei die vorbeiziehenden Schäfchenwolken zählen. Besonderer **Tipp für Salsa-Freunde:** In den Sommermonaten findet Mo. und Mi. von 19 bis 22 Uhr ein Salsa-Tanzabend statt (nur bei trockenem Wetter).

⟲96 [di] **Café Pavillonen,** Edel Sauntes Allé 22, Tel. 35387383, www.cafepavillonen.dk, April–Sept. tägl. ab 12 Uhr

Sommeroase am See

Eine beliebte Eiscreme-, Kaffee- oder Bieroase ist das Café Hacienda am Ufer des Sees im Ørstedsparken. Wer einmal kurz mit tollem Blick auf die See- und Parklandschaft ausspannen will, ist hier in den Sommermonaten genau richtig.

⟲97 [A4] **Café Hacienda,** Nørre Farimagsgade 6, Tel. 33338533, www.hacienda.dk, Mai–Sept. tägl. ab 10 Uhr, geschlossen wird abends je nach Wetter, teilweise auch im Winter mit Glühweinausschank geöffnet

Am Puls der Stadt

002kn Abb.: mw

Das Antlitz der Metropole

Schaut man sich eine Landkarte Dänemarks an, stellt man fest, dass Kopenhagen am östlichen Rand des kleinen Königreichs platziert ist: auf der Insel Seeland gelegen und direkt an den Öresund, der Dänemark und Schweden trennt, angrenzend. Trotz der geografischen Randlage ist die Stadt aber das absolut unumstrittene Zentrum des Landes.

Trifft man im Ausland auf einen Dänen und fragt nach dessen Wohnort, so hat man eine über 20 %ige Chance, dass man mit der Mutmaßung Kopenhagen richtig liegt. Von 5,5 Millionen Dänen wohnen ca. 1,2 Millionen in der **Hauptstadt** und sogar 1,9 Millionen in der Hauptstadtregion. Nimmt man ausschließlich die Verwaltungseinheit **Københavns Kommune**, die das **Stadtzentrum (Indre By)** und die direkt angrenzenden Quartiere Østerbro, Nørrebro, Vesterbro, Christianshavn und Amager einschließt, als Referenzrahmen, kommt man auf ca. 550.000 Einwohner, die sich auf 74 km² tummeln und auf eine **Bevölkerungsdichte** von über 7000 Menschen pro Quadratkilometer.

Trotz dieser relativ hohen Bevölkerungsdichte wirkt der Innenstadtbereich selten dicht gedrängt oder überfüllt. Breit und **großzügig angelegte Straßenzüge**, eine Vielzahl an **Parks**

> **Die Stadt in Zahlen**
> **KURZ & KNAPP**
> › Gegründet: 1167
> › Einwohner: Großraum Kopenhagen 1.960.000/Innenstadt 560.000
> › Einwohner/km²: 647/7527
> › Fläche: 3030 km²/74,4 km²
> › Höhe ü. M.: max. 50 m

und **Grünflächen** und die direkte **Küstenlage** mit riesigen **Wasser- bzw. Meeresflächen** bieten eine angenehme Auflockerung der Stadtstruktur. Die exponierte Lage am **Öresund** und die vielen innerstädtischen Wasserflächen sorgen automatisch für **Weite** und **Offenheit** und da die Kopenhagener in Heerscharen aufs Autofahren verzichten und aufs Fahrrad umgestiegen sind und es keine Schwerindustrie gibt, hat die Stadt eine ausgezeichnete **Luftqualität**.

Die südlichen Stadtviertel **Christianshavn** und **Amager** liegen auf eigenen Inseln, die man von der Indre By nur über Brücken, kleine Fähren oder die Tunnel der Metro erreichen kann. Lange Zeit galt in der dänischen Kapitale ein **soziogeografisches Gefälle**. Je weiter man in den Süden ging, desto ärmer waren die Bewohner. Somit wundert es wenig, dass eine Wohnadresse in den beiden genannten Vierteln in den 1970er/1980er-Jahren als wenig attraktiv galt. **Große Investitionen**, die sowohl von kommunalen Trägern wie auch privaten Investoren getragen wurden, machten aus den zwei hässlichen Entlein einen schönen Schwan (Christianshavn) und einen sehr schicken Erpel (Amager). Trotz der trennenden Wasserwege liegen beide Quartiere sehr nah an der Innenstadt und die Wohnhäuser aus dem 19. und 20. Jahrhundert besaßen oftmals eine gute Substanz. Ins-

▷ *Die markante Knippelsbro [D6] ist auch auf der Rückseite der 200-Kronen-Banknote abgebildet*

◁ *Vorseite: Im Sommer muss man in Kopenhagen lange auf den Sonnenuntergang warten …*

besondere in Christianshavn wurde viel Geld in die Hand genommen, heruntergekommene **Altbauten aufwendig saniert** und durch **modernste Wohnanlagen** mit viel Glas und ausladenden Balkonen ergänzt. Kein Wunder, dass aus dem vormaligen Problemkiez eine der teuersten Wohngegenden der Hauptstadt geworden ist.

Traditionell war **Østerbro** schon immer ein wohlhabendes, gut-bürgerliches Stadtviertel. Im Nordosten Kopenhagens gelegen bietet es **historische Wohnhäuser,** teilweise **gediegene Stadtvillen,** die oft ausländische Botschaften beherbergen, und von Bäumen gesäumte, gut gepflegte Kopfsteinpflasterstraßen. Statt des bürgerlichen Klientels des frühen 20. Jahrhunderts wohnen hier heute gut betuchte Akademiker und Selbstständige. Die Kopenhagener aus den etwas raueren Vierteln bezeichnen Østerbro etwas spöttisch als „Café-Latte-Viertel". Und bezüglich der **Cafédichte** haben sie auf jeden Fall recht: In den

wärmeren Monaten sprießen Stühle und Tische regelrecht aus dem Boden.

Westlich von Østerbro und nördlich der drei Seen erstreckt sich **Nørrebro,** dessen Charakter sich nicht eindeutig klassifizieren lässt. Das ehemalige Arbeiterviertel, das noch heute das Schlusslicht in allen Einkommensstatistiken Kopenhagens bildet, hat einen **Ausländer- bzw. Migrantenanteil** von fast 30 %. Gleichzeitig sind die 70.000 Bewohner Nørrebros die statistisch jüngsten der Hauptstadt. Eine schwer zu greifende Mischung aus Migranten mit muslimischem Hintergrund und einem rasant wachsenden Anteil von **Studenten,** (Lebens-) **Künstlern** und **gesellschaftlich weniger konformen Menschen** bilden den Kern der Bevölkerung. So findet man im südlichen Nørrebro rund um den Skt. Hans Torv angesagte Kneipen und spannende kulturelle Angebote, während im Norden Halal-Fastfood und von Migranten geführte Lebensmittelläden dominant sind.

Seit der Jahrtausendwende blüht **Vesterbro** auf. Mehrheitlich bewohnten Arbeiter- und **Handwerkerfamilien** dieses Viertel. Leider gehörte diese Bevölkerungsschicht beim gesellschaftlichen Transformationsprozess der letzten Jahrzehnte zu den Verlierern. „Soziale Absteiger" sahen in den billigen Mieten ebenfalls eine Chance und siedelten sich zusammen mit schlecht ausgebildeten Migranten westlich der Innenstadt an. Drogen, Pornografie und Prostitution waren Schlagworte, die man mit Vesterbro in Verbindung brachte. Doch ein vermehrter Zuzug von **Studenten**, die sich von ihren Bafög-Sätzen ebenfalls keinen besseren Wohnraum leisten konnten, änderte die **soziologische Zusammensetzung**. Nach Abschluss ihres Studiums blieben viele Studenten in ihrem Kiez wohnen und mit den höheren Gehältern kam auch das Interesse an qualitativ höherwertigem Wohnraum. Typisch für diese Entwicklung steht die Istedgade 🉑, die in ihrem westlichen Teil aufgehübscht ist, während im östlichen Teil in der Nähe des Hauptbahnhofs noch immer einige rote Lichter leuchten.

Einen Sonderfall der Kopenhagener Innenstadtviertel stellt **Frederiksberg** dar. Mitten im urbanen Ballungsraum gelegen gehört der Stadtteil administrativ **nicht zu Kopenhagen**. Deshalb besitzt Frederiksberg auch ein eigenes Rathaus und der Wohlstand des 19. Jahrhunderts ist im Stadtbild noch deutlich verankert: Breite Alleen, eine höhere Villendichte und mehr Grünflächen kennzeichnen die „Stadt in der Stadt".

▷ *Stadtgründer Absalon reitet noch heute durch Kopenhagen: Denkmal am Højbro Plads [C5]*

Von den Anfängen bis zur Gegenwart

Bereits seit dem 14. Jahrhundert ist Kopenhagen die bedeutendste Stadt des dänischen Königreichs. Von hier aus wurde fast das gesamte Skandinavien regiert, da die dänische Vormachtstellung innerhalb der Kalmarer Union (1397–1523) unbestreitbar war. In der Folgezeit begann die dänische Machtposition allerdings zu wanken und einhergehend mit großen territorialen Einbußen sank auch die über Dänemark hinausgehende Bedeutung der Stadt. Jedoch sind bis heute Geschichte und Geschicke von Hauptstadt und Land untrennbar miteinander verwoben.

Um 700: Eine Fischersiedlung entsteht in der Gegend des heutigen Stadtzentrums und der Fang von Heringen dient damals vermutlich als Lebensgrundlage.

1043: Erste schriftliche Erwähnung in der isländischen Knýtlinga Saga. Der dänische König Svend Estridsen lässt sich der Sage nach in einem Ort namens „Havn" (Hafen) nieder. In den folgenden Jahrzehnten ändert sich der Name partiell und wird zu „Købmændenes Havn" – dem Hafen der Kaufleute.

Erste Hälfte des 12. Jh.: Als Handels- und Verkehrsknotenpunkt gewinnt die kleine Siedlung an Bedeutung, da sie sich genau in der Mitte zwischen den katholischen Hochburgen Roskilde und Lund (im heutigen Schweden, auf der östlichen Seite des Öresunds) befindet.

1160–1167: Absalon, dem Bischof von Roskilde, wird die kleine Siedlung vom dänischen König Waldemar I. zugeteilt. Seine Aufgabe ist der Bau einer Befestigungsanlage am Öresund, um den Handel auf der wichtigen Wasserstraße zu sichern. Innerhalb von sieben Jahren entsteht eine steinerne Burg auf der Insel

017kn Abb.: Id

Slotsholmen, dort wo sich heute das Parlament Christiansborg erhebt. Je nach Sichtweise gilt 1160 oder 1167 als offizielles Gründungsjahr der Stadt.

Um 1200: Auf der Basis von neuen Klöstern und Kirchen wächst die junge Stadt rasant. Der ausgesprochen erfolgreiche und lukrative Fischfang sorgt für die ökonomische Unterfütterung des Booms und die in Salz eingelegten Heringe werden nach ganz Europa exportiert.

13. und 14. Jh.: Der wirtschaftliche Erfolg Kopenhagens bringt die Stadt mehrfach zwischen die Fronten. Die Lübecker Hansekaufleute akzeptieren keine Konkurrenz und es kommt zu mehreren kriegerischen Auseinandersetzungen, Besatzungen und großen Zerstörungen. Ein anderer Konfliktherd bricht zwischen Krone und Kirche aus: Die dänischen Könige wollen ihre Machtansprüche durchsetzen und die Stadt in ihren Herrschaftsbereich integrieren. Die katholische Kirche setzt sich erfolgreich mit Waffengewalt zur Wehr.

1416: Erik von Pommern, König der Kalmarer Union, die Dänemark, Schweden und Norwegen umfasst, drängt nach 250 Jahren die katholische Kirche endgültig zurück nach Roskilde und wird Herrscher über Kopenhagen.

1443: Als politisches, militärisches und ökonomisches Zentrum wird Kopenhagen auch offiziell Hauptstadt Dänemarks und löst den Vorgänger Roskilde ab.

1479: Die Universität Kopenhagen wird als erste höhere Bildungseinrichtung des Landes von Christian I. gegründet.

1536: Die Reformation setzt sich in Dänemark durch und am 30. Oktober 1536 wird der Katholizismus in Kopenhagen „abgeschafft". Noch heute sind ca. 86 % der Dänen Protestanten.

1596–1648: Die Regentschaft Christians IV. sind die prägendsten 50 Jahre der Stadt. Als junger König investiert er viel Energie und Geld in den Ausbau seiner Hauptstadt. Bauwerke wie die Börse oder das Schloss Rosenborg entstehen und die Stadtgrenzen werden erweitert: Das neue Stadtviertel Nyboder beherbergt die Matrosen der mächtigen Flotte und Christianshavn wird als neues Kaufmannsquartier aus dem Boden gestampft.

Von den Anfängen bis zur Gegenwart

1660: Eine zweijährige schwedische Belagerung Kopenhagens scheitert und die Stadt wird nicht besetzt. Trotzdem gehen die dänischen Ländereien östlich des Öresunds 1658 an Stockholm und Schonen wird schwedisch.

1711: Von den 60.000 Einwohnern der Stadt überleben nur zwei Drittel die schwerste Pestepidemie der Stadtgeschichte.

Ende des 18. Jh.: Dänemark steuert international einen Neutralitätskurs und hält sich weitgehend aus allen Konflikten heraus. Als neutrale Macht kann man mit allen Kriegsteilnehmern Handel treiben und die Hauptstadt prosperiert dank der mächtigen dänischen Kriegsflotte, die Handelswege und -schiffe beschützt.

1807: Während der napoleonischen Kriege gerät Dänemark ins Visier Englands: Befürchtungen, dass sich Dänemark mit Frankreich verbünden könnte, führen zu einem Präventivangriff der englischen Flotte. Kopenhagen wird vom Meer aus massiv unter Feuer genommen, 1600 Bürger kommen bei dem Beschuss ums Leben und die dänische Flotte wird von den Engländern übernommen.

Erste Hälfte des 19. Jh.: Die kurz zuvor geschlossene Allianz mit Napoleon endet 1814 im Desaster: Norwegen muss an Schweden abgetreten werden und die wirtschaftliche Vormachtstellung im Ostseeraum ist nur noch Geschichte. Der ökonomische Abschwung wird jedoch von einer anderen Entwicklung kontrastiert: Es gibt eine künstlerische, literarische und wissenschaftliche Hochphase, die sich unter dem Terminus „Goldenes Zeitalter" im Nationalstolz der Dänen verewigt.

1849: Eine unblutige Revolution mündet in der partiellen Entmachtung des Monarchen: Frederik VII. unterzeichnet in Christiansborg die neue Verfassung und besiegelt das Ende des Absolutismus.

Zweite Hälfte des 19. Jh.: Die neu gewonnen Freiheiten in Kombination mit den technischen Neuerungen der Industrialisierung führen zu einem rasanten Wachstum der Stadt. Die historischen Wallanlagen werden geschleift, Gas- und Wasserwerke stellen die Versorgung sicher und Handel, Handwerk, Banken und Industrie boomen. 1892 produziert das erste Kraftwerk der Stadt elektrischen Strom und die mit Glühbirnen ausgestatteten Straßenlaternen rund um den Kongens Nytorv werden in Betrieb genommen.

1910: Dänemarks Hauptstadt ist auf über 500.000 Bewohner angewachsen und die 50.000ste Toilette mit Wasserspülung wird fertiggestellt.

1914–1918: Als neutrales Land ist Dänemark nicht direkt von den kriegerischen Auseinandersetzungen des Ersten Weltkriegs betroffen, aber Mangelwirtschaft und Engpässe machen sich bemerkbar. Kriegsgewinnler waren die „Gulaschbarone", die mit dem Verkauf von Konservennahrung an die deutsche Reichswehr ein Vermögen machten.

1925: Auf der Insel Amager wird auf einer Graspiste der erste Flughafen der Stadt eröffnet. Heute nutzen jährlich über 22 Millionen Fluggäste den Copenhagen Airport Kastrup, den größten Flughafen des Landes.

1940–1945: Im Rahmen der Operation „Weserübung" besetzen deutsche Truppen ohne größere Gegenwehr am 9. April 1940 das Nachbarland. Bis 1943 war das deutsche Besatzungsregime – im Vergleich zu anderen okkupierten Staaten in Europa – moderater und weniger brutal. Unter dem umstrittenen Begriff der „Samarbejdspolitikken", der Zusammenarbeitspolitik, arrangieren sich viele Dänen mit dem unvermeidlichen Schicksal. Die erstarkende dänische Widerstandsbewegung führt aber zu einem Ende dieser erzwungenen Zusammenarbeit und im August 1943 versenkt die dänische Marine ihre Schiffe, um eine deutsche Übernahme zu verhindern. Die deutsche Kapitulation erfolgt am 5. Mai 1945. Bis heute ist der 5. Mai offizieller Feiertag.

1947: Der Fingerplan wird erstellt und dient bis heute als grobe Blaupause für die Stadtentwicklung: Die Stadt soll entlang von vorhandenen oder noch zu schaffenden S-Bahn-Linien wachsen. Wie die Finger einer Hand sollen sich die Bahntrassen vom Zentrum ins Umland erstrecken, wobei zwischen den Fingern ruhige Grünstreifen die Lebensqualität sicherstellen.

1962: Im Stadtzentrum werden – als gegenläufige Entwicklung zum wachsenden Autoverkehr – Fußgängerzonen ausgewiesen. Die bekannteste und größte wird die Strøget, die sich heute über mehr als einen Kilometer erstreckt.

1971: Ein vormaliges Militärgelände in Christianshavn wird von Bürgern okkupiert und die Besetzer rufen den Freistaat Christiania aus.

1980er-Jahre: Dänemark und Kopenhagen geraten in einen Schuldenstrudel, da sich die Außenhandelsbilanz sehr negativ entwickelt. Mit einem Bündel von finanzpolitischen Maßnahmen – der sogenannten „Kartoffelkur", die direkt nach den Kartoffelferien (der alte dänische Name für die Herbstferien) im Herbst 1986 eingeführt wurde – kann der Kollaps abgewendet werden. Trotzdem sind die 1980er-Jahre eine Periode der Stagnation.

1992: Baubeginn für die erste Metrolinie, die zehn Jahre später den Dienst aufnimmt. Parallel werden Wohngebiete in der Peripherie modernisiert und die Bevölkerung Kopenhagens wächst, da attraktiver Wohnraum entsteht.

2000: Die Öresundbrücke wird eröffnet und verbindet Kopenhagen mit Malmö und Südschweden. Die Öresundregion mit insgesamt 3,5 Millionen Einwohnern und einem regen dänisch-schwedischen Austausch entsteht.

2007: Die Kopenhagener Immobilienblase platzt, nachdem in fünf aufeinanderfolgenden Jahren die Preise für Eigentumswohnungen und Häuser rasant gestiegen waren. Die Preise fallen bis zu 30 % und Wohneigentum wird auch für Normalverdiener wieder bezahlbar.

2009: In Kopenhagen trifft sich die Weltklimakonferenz der Vereinten Nationen. Trotz höchster Erwartungen scheitert die Konferenz hauptsächlich an US-amerikanischer und chinesischer Blockadepolitik.

2013: Vom britischen Lifestylemagazin Monocle wird Kopenhagen im Ranking der lebenswertesten Städte der Welt auf Platz 1 gewählt. Melbourne und Helsinki folgen auf den Plätzen 2 und 3.

Leben in der Stadt

Das Zentrum Dänemarks ist ein infrastrukturelles und kulturelles Schlaraffenland. Die **öffentlichen Verkehrsmittel** ziehen sich in einem engmaschigen Netz über das gesamte Stadtgebiet. Die fahrerlosen Züge der Metro rauschen ungehindert auf ihren autonomen Routen unter Wasserwegen, Wohngebieten oder Hauptverkehrsachsen hindurch und verbinden die verschiedenen Stadtteile. Busse, oftmals auf eigenen, für den sonstigen Verkehr gesperrten Spuren, gleiten durch die Stadt und ermöglichen den Stadtbewohnern ein flottes Vorwärtskommen. Eine hohe Taktung sorgt dafür, dass man selten länger als wenige Minuten an der Haltestelle auf ein Verkehrsmittel warten muss – auch nachts.

Ein einmaliges und gleichzeitig positives Phänomen fällt dem Besucher unweigerlich ins Auge, wenn sich vor roten Ampeln Trauben von Radfah-

rern bilden, die auf das grüne Fahr-signal warten: Kopenhagen ist die **Hauptstadt der Fahrradfahrer.** Das ebene Terrain und die moderaten Distanzen innerhalb der Stadt kommen dem Zweiradfahrer sehr entgegen. Außerdem sind die Radfahrer integraler Bestandteil der Verkehrsplanung. Allen Motorisierungstendenzen zum Trotz verfolgt die Stadtverwaltung seit Mitte der 1980er-Jahre eine dezidierte **Förderung des Fahrradverkehrs.** Seit dieser Zeit werden vermehrt **sehr breite Radwege** angelegt, die oft mit eigenen Ampeln ausgerüstet sind und den Zweirädern Priorität gegenüber den Autos einräumen. Ergänzt werden die klassischen Radwege, die parallel zum regulären Straßenverkehr verlaufen, durch eine Vielzahl an „grünen Radrouten", die eigens für Drahtesel konzipiert und meist **vom motorisierten Verkehr abgekoppelt** wurden. Das sorgt einerseits für besseren Fahrkomfort und

andererseits sinkt die Unfallgefahr, da Autos und Räder sich nur noch selten in die Quere kommen. Sogar **eigens für Radfahrer errichtete Brücken** – in einer wasserreichen Stadt mehr als sinnvoll – sind in den letzten Jahren hinzugekommen und weitere sind in Planung. Aktuell verfügt die Stadt über 350 km reguläre Radwege plus 40 km an „grünen Routen". Und die Ergebnisse dieser Bemühungen können sich sehen lassen: 37 % der Hauptstädter nutzen das Zweirad täglich auf dem Weg zur Arbeitsstätte, Universität oder Schule! Doch das ist den Verkehrsplanern nicht genug. Bis 2015 soll das Radwegenetz so attraktiv sein, dass die 50 %-Marke geknackt wird. Der Ideenpool für **Innovationen** scheint noch lange nicht ausgereizt zu sein. Als letzte Neuerungen wurden schräg aufgestellte Mülleimer, bei denen man während der Fahrt seinen Unrat entsorgen kann, spezielle Fußrasten an Radampeln, farblich markierte Radparkplätze und LED-Warnsensoren an besonders unfallträchtigen Kreuzungen installiert. Aber einem Problem konnte man bisher noch nicht erfolgreich zu Leibe rücken: Der **Fahrraddiebstahl** grassiert auch weiterhin, nachdem ein GPS-orientiertes Wiederauffindesystem für gestohlene Räder im Frühling 2011 erfolglos eingestellt wurde.

Auch **kulturell** ist das Leben in der Metropole abwechslungsreich und breit gefächert. Eine Vielzahl an **Theatern und Bühnen** bieten ein buntes Veranstaltungsprogramm, Konzerthallen und Klubs offerieren Konzerte und Liveevents, über 70 Museen machen es dem Besucher – aber auch dem Einheimischen – schwer, sich zu entscheiden. Die **Kopenhagener sind vielseitig interessiert** und die meisten Veranstaltungen und Ausstellungen sind gut besucht. Man will ja schließlich mitreden können.

Zentrale und somit auch meist gut besuchte **Restaurants** sind nach deutschem Maßstab **ausgesprochen teuer**. Aber das schreckt den Hauptstädter nicht ab: Insbesondere an Wochenenden scheint die Devise „Man lebt nur einmal" zu sein und die Einheimischen strömen in Heerscharen in die gastronomischen Tempel. Besonders Freitag- und Samstagabend sollte man deshalb frühzeitig einen Tisch reservieren und die Kreditkarte nicht vergessen. Ähnliches gilt für das Nachtleben Kopenhagens. **Bars, Klubs und Diskotheken** sind trotz der **happigen Eintritts- und Getränkepreise** sehr gut besucht. Die Kopenhagener genießen das Leben und die Kreditkartenabrechnung kommt ja auch erst im nächsten Monat!

Nach einer Studie der Schweizer UBS Bank aus dem Jahr 2012 rangiert Kopenhagen im **weltweiten Vergleich der teuersten Städte an fünfter Stelle**, wobei das Preisniveau nur beim skandinavischen Nachbarn Oslo, in der Schweiz (Zürich und Genf) sowie in Tokio höher liegt. Da die **Bruttogehälter** in der dänischen Hauptstadt **weltweit die dritthöchsten** sind, ist das Preisgefüge für die Einheimischen zu verschmerzen. Dem ausländischen Besucher hilft das jedoch nicht, weshalb vor der Restaurantbestellung ein Blick auf die Preise anzuraten ist.

Seit den 1990er-Jahren spiegelte sich die gewachsene Popularität der dänischen Hauptstadt auch auf dem **Immobilienmarkt** wider. Ob man in den eigenen vier Wänden oder zur Miete wohnt (was in Dänemark eher unüblich ist, da selbst junge Leute ihre Kronen in „Betongold" anlegen), Schnäppchen wie in Berlin gibt es hier kaum. Klaus Wowereits Bonmot zur deutschen Hauptstadt „Berlin ist arm, aber sexy" würde auf Kopenhagen gemünzt wohl eher lauten: Kopenhagen ist reich, teuer und sexy! Jedoch hat sich auch in Kopenhagen der überhitzte Immobilienmarkt deutlich abgekühlt und die Preise liegen aktuell im Durchschnitt um 25 bis 30 % unter den Höchstständen im ersten Jahrzehnt des 21. Jahrhunderts. Trotzdem sollte der Immobilieninteressent mit mindestens 3000 bis 4000 € pro Quadratmeter Eigentumswohnung kalkulieren.

☒ *Radfahrer haben in Kopenhagen (fast immer) Vorfahrt*

Nach einem massiven Besuchereinbruch infolge der Finanzkrise 2008/2009 hat sich Kopenhagen als **Touristenmagnet** inzwischen wieder erholt. Mit acht Millionen (2012) jährlichen Übernachtungen in der Hauptstadtregion wurden inzwischen sogar die Zahlen vor der Krise übertroffen. Die skandinavischen Nachbarn Schweden und Norwegen stellen dabei die größten ausländischen Besucherkontingente, gefolgt von Briten, US-Amerikanern und Deutschen (über 300.000 Übernachtungen). An Position 12 rangieren die Schweizer mit 75.000 Übernachtungen. Auf einen kontinuierlichen Kopenhagenboom setzten auch die Hotelbetreiber und allein in 2011 wurden die Kapazitäten um 1800 Zimmer erhöht. Somit stehen aktuell über 15.000 Zimmer für Gäste zur Verfügung. Zusätzlich zu den normalen Besuchern wird die dänische Hauptstadt auch für **Kreuzfahrttouristen** immer attraktiver und der Hafen wird jährlich von knapp 400 Ozeanriesen mit 840.000 Gästen angesteuert. Insgesamt sichert der Tourismus 45.000 Arbeitsplätze in der Kapitale und generiert einen Umsatz von ca. 4 Milliarden Euro.

Seit Jahren kommen Soziologen unterschiedlichster Couleur immer wieder zum gleichen Ergebnis: **Die Dänen sind das glücklichste Volk der Welt.** Bei globalen Befragungen zum seelischen und ökonomischen Heil landen unsere nördlichen Nachbarn immer wieder ganz oben auf dem Treppchen. Die Gründe dafür sind nach Forscherangaben vielschichtig, wobei der bedeutendste Grund ein ganz simpler ist: Die Dänen sind mit dem Hier und Jetzt zufrieden und streben nicht nach Luxusvilla und Statussymbolen, sondern – Bescheidenheit ist eine Zier – arrangieren sich mit den Realitäten. Die dänische Gesellschaft ist ausgesprochen egalitär und die Einkommensschere ist geringer als in vielen anderen westlichen Demokratien. Der Vorstandsvorsitzende wird nicht um den Faktor 200 höher entlohnt als der einfache Arbeiter. Die meisten Dänen verdienen rund um den monatlichen Mittelwert, der allen ein gutes und angenehmes Auskommen sichert. Arbeitgeber und Arbeitnehmer gehen freundschaftlich miteinander um und das **kollegiale „Du"** ist selbstverständlich. Der gegenseitige Respekt bestimmt die Umgangsformen. Unterfüttert wird das entspannte Miteinander durch das **Janteloven,** ein ungeschriebenes Gesetz, das Bescheidenheit lehrt. Kaum ein Däne, erfolgreich wie er auch sein mag, würde vor Bekannten, Freunden oder Kollegen seine besonderen Leistungen hervorheben. „Es läuft nur deshalb so toll in der Sportmannschaft/im Betrieb/in der Hausgemeinschaft, weil alle mithelfen und die Gemeinschaft stark ist", wäre eine absolut typisch dänische Aussage. Selbst ein Nobelpreisträger würde die intellektuelle Leistung, die der Preisverleihung zugrunde liegt, vor seinen Landsleuten als wenig brillant beschreiben und vermutlich Glück und Teamgeist der Forschergemeinschaft hervorheben.

Die grundlegende **medizinische Versorgung** und die **soziale Absicherung** stehen auf der Prioritätenliste der Dänen ganz oben und eine Regierung, die massiv an diesen Grundfesten rütteln würde, hätte die längste Zeit auf der Regierungsbank in Christiansborg gesessen. Man freut sich des Lebens, umgibt sich gerne mit Freunden und hat es **hyggelig.** Die wörtliche Übersetzung „gemütlich" greift jedoch zu kurz: Je nach Kontext kann man das Wort auch mit „geborgen", „niedlich", „angenehm" oder „freundlich" übersetzen. Superlative sind nichts für Dänen, sondern das moderate, kuschelige Wohlfühlen steht im Mittelpunkt ihres Daseins.

Aber keine Sorge, Dänemark ist alles andere als ein großer Waldorfkindergarten. Obwohl freundlich im Umgang mit Landsleuten und Fremden, tragen die Dänen verbal nicht immer Glacéhandschuhe. Oft formulieren sie mit spitzer Zunge und **der alltägliche Humor** ist nicht wegzudenken. Auch wenn es nicht sofort auffällt, die Dänen spicken ihre Äußerungen häufig und gerne mit **feiner Ironie**, die von Fremden nicht immer richtig eingeordnet werden kann. Selbst Politikerinterviews sind häufig – im deutschen Sprachraum fast unbekannt – zum Schmunzeln, da sich die dänischen Entscheidungsträger selber nicht zu ernst nehmen. Mitte der 1990er-Jahre zog der parteilose dänische Komiker Jacob Haugaard als direkt gewählter Kandidat für vier Jahre ins Folketing. Sein Hauptwahlversprechen „Immer Rückenwind für Radfahrer" hatte in Århus, der zweitgrößten Stadt des Landes, die Mehrheit überzeugen können.

019kn Abb.: cmc/Tuala Hjarnø

Cityringen – von der Be- zur Entlastung

Einige der besonders schönen und beeindruckenden Plätze der Kopenhagener Innenstadt wie der Rathausplatz oder der Kongens Nytorv werden aktuell von **Absperrungen, Verkehrsumleitungen** und **Baucontainern** dominiert. Gebaut, gebuddelt und gebaggert wird aber im gesamten innerstädtischen Bereich und es existieren 17 Schwerpunkte: Die zukünftigen 17 Haltestellen der **neuen Metro-Ringlinie**, die als Entlastung und Erweiterung der zwei vorhandenen Linien M1 und M2 dienen soll. Komplett unterirdisch soll sie verlau-

◩ *Die Metro ist für Bewohner wie Besucher Kopenhagens das schnellste und bequemste Verkehrsmittel*

fen – die Trassen der ersten beiden Metrolinien befinden sich nur im Zentrum unter der Erde – und das auf einer Strecke von über 15 Kilometern. Würden die Zeitpläne eingehalten, was bei Projekten dieser Größenordnung bekanntlich selten der Fall ist, könnten die **ersten Fahrgäste** im Jahr **2018** in die neue Metro einsteigen. Erwartet werden über 230.000 Passagiere täglich und die Baukosten werden mit ca. 15 Milliarden Kronen (ca. 2 Mrd. Euro) veranschlagt. So die Vision der **infrastrukturellen Zukunft** Kopenhagens.

Der **Alltag** sieht bekanntlich anders aus. Der **Straßenverkehr** wird durch die Bauarbeiten behindert, Fahrspuren und Radwege müssen immer wieder provisorisch verlegt werden. Der Lärm und Dreck der an- und abfahrenden Lkws ist ebenfalls eine Belastung. **Anwohnerproteste** finden sich nicht nur auf den Leserbriefseiten der lokalen Zeitungen, sondern werden auch im Alltag häufig artikuliert. Und da die Tunnelkonstruktion genau nach dem Bauprinzip wie in Köln abläuft, spürte man nach dem Einsturz des dortigen Stadtarchivs die Schockwellen bis nach Dänemark. Eine **Bürgerinitiative** verlangt außerdem eine Umlegung der Tunneltrasse in der Nähe der Marmorkirche, da sie das historische Bauwerk massiv gefährdet sieht.

Da wirkt die Kritik an der **architektonischen Gestaltung der neuen Metrostationen** schon fast wie eine Petitesse. „Langweilig, nichtssagend und zu wenige Fahrradparkplätze", wurde moniert, als die ersten Computermodelle präsentiert wurden. „Oder glauben die Planer, dass die Radfahrer in wenigen Jahren ihre Räder plötzlich diszipliniert in Reih und Glied abstellen werden?"

Ein Problem ist aber definitiv gelöst: Der gesamte **ausgebaggerte Bodenabraum** wird in den Nordhafen geschüttet. Dort benötigt man für ein **neu zu schaffendes Stadtviertel** nämlich 18 Millionen Tonnen Erde. Das ist immerhin das vierfache Volumen der Cheops-Pyramide.

Kopenhagen entdecken

003kn Abb.: mw

Indre By: Tivoli bis Kongens Nytorv

Das Stadtzentrum Kopenhagens ist übersichtlich und die klassischen Sehenswürdigkeiten in der „Indre By" sind gut zu Fuß zu erkunden. Da sich gastronomische Angebote und Einkaufsmöglichkeiten im zentralen Innenstadtbereich ebenfalls ballen, kann der Besucher gleich mehrere Fliegen mit einer Klappe schlagen.

❶ Tivoli ★★★ [A6]

Tanztheater, Achterbahn, Rockkonzerte, Kindereisenbahn, Ballett oder Karussells für die ganz Mutigen: Der Vergnügungspark Tivoli ist die vermutlich bekannteste Institution der Stadt und wird alljährlich von fast vier Millionen Besuchern frequentiert.

Um von Christian VIII. die Erlaubnis zu erhalten, mitten in der Hauptstadt einen **Vergnügungspark** zu eröffnen, musste **Georg Carstensen** tief in die Trickkiste greifen: „Wenn das Volk sich amüsiert, dann politisiert es nicht", war sein Slogan, der beim dänischen König auf fruchtbaren Boden fiel. So öffneten sich im August 1843 erstmalig die Tore von **Kjøbenhavns Tivoli og Vauxhall** und die Hauptstädter strömten in Massen auf das Amüsiereal. Carstensen war ein weitgereister Offizier, der in Frankreich und England ähnliche Parks besucht hatte und nicht nur die Idee, sondern auch gleich die Namen „Tivoli" (Paris) und „Vauxhall" (London) kopierte.

◁ *Vorseite: In der Fassade des „Schwarzen Diamanten"* ❿
spiegelt sich der Himmel

▽ *Einige der Fahrgeschäfte im Tivoli erfordern viel Mut*

O2Okn Abb.: mw

Der Vergnügungspark entwickelte sich in den folgenden Jahrzehnten immer weiter. Neben **gastronomischen, kulturellen und musikalischen Attraktionen** kam auch eine immer größere Zahl an **Fahrgastgeschäften** hinzu und auf den **Bühnen** gaben und geben sich nationale und internationale Showgrößen die Klinke in die Hand. Auf den **künstlichen Seen** fahren kleine Bötchen, in der „Rutschebanen", einer Achterbahn von 1914, kreischen die Passagiere und die einarmigen Banditen in den Spielhallen werden gerne von frisch ondulierten älteren Damen mit der Tivoli-Jahreskarte gefüttert. Und vom 80 m hohen Kettenkarussell kann man nach Einbruch der Dunkelheit die 115.000 Glühbirnen funkeln sehen, die die Wege und Fahrgeschäfte des Parks illuminieren. Für die ganz Mutigen über 1,40 m Körperlänge – das ist meist die minimale Fahrgastgröße – gibt es diverse **spektakuläre Attraktionen** wie „Den gyldne Tårn" (Goldener Turm), bei dem man aus 60 m Höhe in die Tiefe stürzt und erst kurz vor dem Aufschlag abgefangen wird. Auch die Achterbahn „Dæmonen" mit ihren drei Loopings bringt den Pulsschlag zum Rasen.

In den letzten Jahren gab es in Kopenhagen eine lautstarke **Diskussion zwischen Modernisierern und Traditionalisten.** Während die eine Seite mit neuen Shoppingcentern und Tophotels die Weiterentwicklung des Tivolis garantiert sieht, fordern „Tivolis venner" (Freunde des Tivolis) eine Rückbesinnung auf das klassische Konzept und damit die Bewahrung des „Pantheons der dänischen Kultur". Das Ende dieser Auseinandersetzung ist noch nicht in Sicht, aber die Traditionalisten scheinen derzeit die Nase vorn zu haben.

❯ Vesterbrogade 3, S-Bahn: Hauptbahnhof, Tel. 33 15 10 01, www.tivoli.dk, Eintritt: 95 kr (Fr. nach 20 Uhr 135 kr), unter 8 Jahren frei, Turpassbillet (freie Fahrt in allen Fahrgeschäften) zusätzlich 199 kr, geöffnet: Mitte April–Ende Sept. So.–Do. 11–23 Uhr, Sa. bis 24 Uhr und Fr. bis 0.30 Uhr, um Halloween (Mitte–Ende Okt.) und in der Vorweihnachtszeit (Mitte Nov. bis 23.12.) ist ebenfalls geöffnet

❷ Ny Carlsberg Glyptotek ★★★ [B6]

Während man in Deutschland durch Bierkonsum Regenwald retten kann, trinken die Dänen den Gerstensaft eher, um kunsthistorische Mäzene zu sein: Von dem Erlös jedes Carlsberg-Produkts wird ein kleiner Anteil der Carlsberg-Stiftung zugeführt und kommt damit auch der Glyptotek zugute.

Wie aus dem Namen unschwer ersichtlich, steht die mächtige **Carlsberg-Brauerei** hinter diesem einmaligen Museum. Als die private **Kunstsammlung Carl Jacobsens** Ende des 19. Jahrhunderts aus den Nähten zu platzen drohte, wurde mit der Eröffnung des Museums – namensgebend war dabei übrigens die Münchner Glyptotek von Ludwig I. – dieser Notstand auf sehr ansprechende Art beseitigt. Nach diversen baulichen Erweiterungen wurde das Gebäude im Jahr 2006 letztmalig überholt und renoviert.

Der Schwerpunkt der Sammlung, die inzwischen auf über 10.000 Exponate angewachsen ist, liegt dabei auf **antiken Skulpturen** aus dem Mittelmeerraum, **französischen Impressionisten** wie Degas, Monet oder Renoir und dem **Goldenen Zeitalter Dänemarks** in der ersten Hälfte des 19. Jahrhunderts.

Vor, nach oder während des Glyptotekbesuchs sollte man auf keinen Fall das **Museumscafé** verpassen: In einem wunderschönen Wintergarten gelegen werden dem Kunstinteressierten hier Köstlichkeiten und Getränke offeriert. Und für Erinnerungsstücke oder Mitbringsel steht der Museumsshop bereit.

> **Ny Carlsberg Glyptotek,** Dantes Plads 7, S-Bahn: København H, Buslinien 1A, 2A, 11A, 15, 40 und 65E, Haltestelle: Glyptoteket, www.glyptoteket.dk, Tel. 33418141, Eintritt: Erwachsene 75 kr, bis 18 Jahren frei, So. freier Eintritt, geöffnet: Di.–So. 11–17 Uhr

▷ *Rathaus und Rathausplatz bilden das Herz Kopenhagens*

❸ Rathaus und Rathausplatz ★★ [A5]

Samstag, 27. Juni 1992: In Deutschland gehen die Menschen mit gesenkten Köpfen durch die Straßen, während sich auf dem engen Rathausbalkon in Kopenhagen zwei Dutzend Männer drängen. Auf dem Rathausplatz vor dem Balkon hat sich eine euphorisch jubelnde, rot-weiße Menschenmenge versammelt und zelebriert einen der größten Tage der dänischen Sportgeschichte: Das kleine Dänemark hatte am Tag zuvor bei der Fußball-EM in Schweden den großen Favoriten und Nachbarn Deutschland im Finale 2 : 0 geschlagen und war nun erstmalig Europameister!

Große Ereignisse werden auch in Dänemark gebührend gefeiert. Das Kopenhagener Rathaus und der weite Rathausplatz stellen diesbezüglich die erste und größte **Bühne** des Landes dar. Außer bei sportlichen Erfol-

Dannebrog – die älteste Nationalflagge der Welt

*Die patriotische Gesellschaft **Danmarks Samfundet** empfiehlt: „Wurde ein Dannebrog so lange genutzt, dass er nicht mehr vorzeigbar ist, sollte man dafür sorgen, dass er vernichtet wird, damit er nicht z. B. als Putzlappen endet oder auf einer Mülldeponie herumgeweht wird." Als beste Beseitigungsmethode wird anschließend das Verbrennen nahegelegt! In dem 68-seitigen Büchlein „Anweisungen zum korrekten Gebrauch des Dannebrog" der gleichen Gesellschaft wird der Einsatz der dänischen Nationalflagge haarklein beschrieben. Den Dänen ist ihre Nationalflagge mehr als heilig. Und das seit ca. 700 Jahren!*

*Der **Legende** nach fiel die Flagge am 15. Juni 1219 vom Himmel. Unter der Führung des dänischen Königs Waldemar II., dem später der Beiname „Sieger" verliehen wurde, war ein Kreuzzug ins heutige Estland initiiert worden. Als es ganz nach einer Niederlage der christlichen Verbände im Kampf gegen die Heiden aussah, fiel eine rote Fahne mit weißem Kreuz vom Himmel und rettete den Dänen den Sieg. So viel zur mythologischen Entstehungsgeschichte - dokumentarisch belegt wurde die dänische Flagge erstmalig in einem **niederländischen Wappenbuch aus dem Jahr 1380**. Anfangs stellte sie das Herrschaftssym-*

gen und nationalen Triumphen kommen die Hauptstädter aber auch vor dem Rathaus zusammen, wenn sie mit gesellschaftlichen oder politischen Entwicklungen im Lande unzufrieden sind und rollen ihre **Demonstrationsbanner** aus.

Als Paradebeispiel der **Nationalromantik** erschuf **Martin Nyrop** zwischen 1892 und 1905 das Gebäude, welches das insgesamt sechste Rathaus der Stadt wurde – die ersten vier waren jeweils Feuersbrünsten zum Opfer gefallen und das fünfte, am

bol der dänischen Monarchen dar und wurde spätestens 1854 zur Flagge aller Dänen: Das Verbot des Hissens des Dannebrog für einfache Bürger wurde aufgehoben.

Neben der klassischen Nationalflagge existieren bei unseren nördlichen Nachbarn noch diverse **Sonderflaggen**. Die Spitzflagge ist dem königlichen Hof, staatlichen Institutionen und dem Militär vorbehalten. Die Marine flaggt mit einer besonderen Spitzflagge, der Orlogsflag, die in einem dunkleren Rotton gehalten ist.

Auch im **Alltag** spielt der Dannebrog eine große Rolle. Man wird kaum 100 m durch Kopenhagen gehen kön-

nen, ohne dass einem mindestens eine Fahne auffällt. Viele dänische Eigenheimbesitzer haben wie selbstverständlich einen Flaggenmast im Vorgarten, an dem zu besonderen staatlichen Feiertagen, aber auch privaten Geburtstagen das „dänische Tuch", so die wörtliche Bedeutung von Dannebrog, gehisst wird.

Im Alltag weht der kleine Dannebrogwimpel am Mast, der abends auch nicht eingeholt werden muss. Reguläre Fahnen hingegen müssen nächtens eingeholt werden, da sonst der Teufel gegrüßt wird. Fast eine Wissenschaft für sich, die Handhabung der dänischen Flagge.

Nytorv gelegen, beherbergt heute das Kopenhagener Stadtgericht. Über dem berühmtesten Balkon des Landes erhebt sich eine **goldene Statue des Bischofs Absalon**, dem Stadtgründer. Mit 105 m Höhe überragt der **Turm** fast alle anderen Gebäude der Stadt und sein **Glockenspiel** erklingt bis heute noch als Erkennungssignal der öffentlich-rechtlichen 12-Uhr-Nachrichten und wird auch an Silvester um 24 Uhr landesweit ausgestrahlt.

Das **Betreten des Rathauses** ist jedermann gestattet, ohne Führung möglich und auch kostenfrei. Ganz nach dem Gründermotto „Das Rathaus ist das Schloss der Bürger" können hier auch von einfachen Bürgern Räumlichkeiten für kulturelle oder politische Veranstaltungen gemietet werden. Sehenswürdigkeiten im Rathaus sind die **Weltuhr von Jens Olsen,** die angeblich genauste mechanische Uhr der Welt mit einer Abweichung von 0,4 Sekunden in 300 Jahren, der **Bürgersaal**, in dem der Stadtrat tagt, oder der **Festsaal** mit der Sitzgelegenheit für den König bzw. die Königin, die sich jedoch nicht (!) von den Stühlen der gemeinen Bürger unterscheidet – hier bestimmen die Stadtbewohner selbst und die Privilegien des obersten Blaublüters sind aufgehoben. Lohnenswert, wenn auch schweißtreibend, ist ein Besuch **des Rathausturmes:** Wer die 300 Stufen erklommen hat, wird mit einem einmaligen Ausblick auf die Stadt belohnt.

Aktuell befindet sich auf dem Rathausplatz eine große **Baustelle,** die noch bis 2017 bestehen wird: Dann soll nämlich auch das Rathaus an das unterirdische Metronetz angeschlossen sein.

> **Rådhus,** Rådhuspladsen 1, Buslinien 2A, 5A, 6A, 10, 12, 14, Haltestelle: Råd-

huspladsen, Tel. 33663366, www.kk.dk, geöffnet: werktags 8–16 (Rathausführung auf Englisch um 15 Uhr), Sa. 9.30–13 (Rathausführung auf Englisch 11 Uhr), Turmführungen werktags 11 und 14, Sa. 12 Uhr, Weltuhr werktags 8.30–16, Sa. 10–13 Uhr, Eintritt: kostenlos (Infos zur Besichtigung auf eigene Faust in der Rådhusoplysningen direkt nach dem Haupteingang), Rathausführung 30 kr, Turmführung 20 kr, Besichtigung der Weltuhr gratis

❹ Strøget ★★★ [B5]

Die Einrichtung einer Fußgängerzone begann 1962 nur als Experiment, doch nach zwei Jahren befanden die Entscheider: Es lohnt sich, das setzen wir fort. Aus den viel befahrenen Straßen Frederiksberggade, Nygade, Vimmelskaftet und Østergade sowie den Plätzen Kongens Nytorv, Gammeltorv und Amagertorv wurde damit die erste Fußgängerzone Dänemarks oder wie sie im Volksmund genannt wird: „Strøget" – „der Strich".

Die **Altstadt Kopenhagens** war schon seit Jahrhunderten das **kommerzielle Zentrum** der umtriebigen Kaufmannsstadt. Hier siedelten sich Händler und Kaufleute an, Waren wurden ausgetauscht und der Einzelhandel gewann mehr und mehr an Boden. Doch mit einem entspannten Einkaufsbummel war es nicht weit her. Kutschen und später Autos fuhren hier wild durcheinander und als Fußgänger musste man immer auf der Hut vor diesen Gefährten sein. Für Sitzmöglichkeiten oder etwa Straßencafés gab es schlichtweg keinen Platz. Erst mit der **Verbannung des Automobils** aus diesem Areal begann der wirklich steile Aufstieg.

Von anfangs ca. 16.000 m² wurde die autofreie Fläche auf heute über

100.000 m² erweitert. Heute ist die **Strøget**, „der Strich", mit einer Länge von 1,1 km die **längste Fußgängerzone der Welt** und bei Einheimischen wie auch Touristen gleichermaßen sehr beliebt. In den Sommermonaten flanieren täglich bis zu einer Viertelmillionen Menschen auf der populären **Einkaufsmeile,** bevölkern die Cafés, Restaurants und Schnellimbissbuden oder füllen ihre Einkaufstüten in den Geschäften, Boutiquen und Kaufhäusern.

Neben all den bekannten Marken und Labels findet man auch einfachere und preisgünstige Einkaufsmöglichkeiten oder Souvenirlädchen. Beginnt man die Erkundung der Strøget am Rathausplatz ❸, durchquert man auf den ersten wenigen hundert Metern den **preiswerteren Teil** mit Modeketten wie Zara oder H&M. Ungefähr ab dem Amagertorv ❽ steigt dann die **Exklusivität** mit jedem Meter an und Boss, Gucci oder Louis Vuitton bestimmen das Preisniveau. Der Schwerpunkt liegt dabei auf Bekleidung und Schuhen, aber auch die bei audiophilen Designfans beliebte Unterhaltungselektronik der dänischen Edelmarke Bang & Olufsen wird hier feilgeboten.

Rund um den Storchenbrunnen am Amagertorv locken viele **Cafés und andere gastronomische Angebote** den hungrigen oder durstigen Stadtflanierer. In den Sommermonaten ist es oft nicht ganz einfach, draußen einen Sitzplatz zu ergattern, um die Passanten zu beobachten oder den vielseitigen Straßenkünstlern zuschauen zu können. Aber das Warten auf einen freien Tisch lohnt sich auf jeden Fall.

Parallel zur Strøget verlaufen die Kompagnistræde [B5] und die Læderstræde [C5], schlicht **Strædet** genannt. Hier prägen **kleine Geschäfte**

und **Boutiquen** mit einem Angebot abseits des Mainstreams das Bild und es gibt auch kleine, urige Cafés zu entdecken.

❺ **Frauenkirche** ★   **[B4]**

Bereits ab dem späten 12. Jahrhundert befanden sich nachweislich sakrale Bauten auf dem Areal der Frauenkirche oder dem **Kopenhagener Dom,** wie das Gotteshaus auch genannt wird. **Stadtbrände** oder **kriegerische Handlungen** führten immer wieder zu verheerenden Zerstörungen und neue Bauwerke wurden errichtet. Die aktuelle Kirche wurde von Christian Frederick Hansen im **klassizistischen Stil** entworfen und 1829 eingeweiht.

Im Vergleich zu den großen gotischen Kathedralen Mittel- und Westeuropas wirkt sie von außen wenig beeindruckend. Betritt man das **Kirchenschiff** jedoch durch den Haupteingang, öffnen sich dem staunenden Besucher ganz neue und beeindruckende Perspektiven. Das Gotteshaus ist protestantisch schlicht, aber nichtsdestotrotz besticht es durch **klare Schönheit.** Die innere Ausgestaltung oblag in weiten Teilen dem **Bildhauer Bertel Thorvaldsen,** dem herausragenden Vertreter seiner Zunft im Goldenen Zeitalter Dänemarks von 1800 bis 1850. Die zwölf **Apostelstatuen** an den Seitenwänden, der **Taufengel** vor und die **Christusgestalt** über dem Altar bilden eine einmalige künstlerische und ästhetische Einheit, die auch weniger Gottesfürchtige in den Bann zu ziehen vermag. Der Dom stellt auch heute noch **eines der bedeutendsten religiösen Zentren des Landes** dar. So wurde 2001 der offizielle Gedenkgottesdienst für die Opfer des Attentats vom 9. September in New York hier begangen oder auch die Ehe zwischen Kronprinz Frederik und seiner Mary im Jahr 2004 besiegelt.

> Vor Frue Kirke, Nørregade 8, www.koebenhavnsdomkirke.dk, Tel. 33151078, geöffnet: tägl. 8–17 Uhr (während der Gottesdienste für Touristen geschlossen)

⑥ Heiliggeistkirche ★ [B5]

Die zentral direkt an der Fußgängerzone Strøget ④ gelegene Heiliggeistkirche ist **eine der ältesten Kirchen der Stadt.** Die ersten offiziellen Aufzeichnungen weisen auf das Jahr 1295 zurück, erwähnen aber keine Kirche, sondern das Heiliggeisthaus, das von Johannes Krag, dem Bischof von Roskilde, gegründet wurde. In dem Haus sollten „die Kranken, Schwachen und Alten, die keine Kraft zum Kauen mehr haben", unterstützt und gepflegt werden. Somit liegen die **Wurzeln des dänischen Gesundheitswesens und der Altenpflege** genau an diesem Ort: Das Heiliggeisthaus war das erste Krankenhaus des Landes. Die Heiliggeistkirche wird 1449 erstmals urkundlich erwähnt und wäre somit über 150 Jahre jünger. **Neuste archäologische Untersuchungen** weisen jedoch auf deutlich ältere Fundamente hin und stellen die historischen Dokumente in Frage.

In den folgenden Jahrhunderten lässt sich die **Geschichte des Landes** an den Ereignissen in und um die Kirche ablesen. Bereits 1530 predigen Reformatoren in der noch katholischen Kirche, obwohl der offene Bruch mit Rom erst sechs Jahre später erfolgt. Der große Stadtbrand von 1728 legt auch die Heiliggeistkirche in Schutt und Asche und im Jahr 1944 wird der Kirchenküster Ejnar Asbo, Mitglied einer Widerstandszelle, von zwei Mitgliedern einer deutsch-dänischen Terrorgruppe in seinem Büro exekutiert. Noch heute erinnert eine kleine Tafel in der Kirche an diesen Mord.

Die Heiliggeistkirche und ihre Pfarrer stehen für eine sehr **fortschrittliche und moderne Kirchenpolitik** und bieten eine Anlaufstation für die gesellschaftlich Ausgegrenzten. Seit 1997 gibt es ein HIV-AIDS-Priesteramt (!), das besonders für die Belange der Infizierten geschaffen wurde, und die Dänen mit grönländischen Wurzeln treffen sich immer am ersten Sonntag im Monat hier, um einem Gottesdienst auf Inuktitut beizuwohnen.

> Helligåndskirken, Niels Hemmingsens Gade 5, Tel. 33154144 (Verwaltung, werktags 9–12 Uhr), http://helligaandskirken.dk, geöffnet: Sonntagsmesse 10 Uhr (im Winter 11 Uhr), Glockenspiel werktags 11.45–11.55 Uhr, Musikandacht werktags 12–12.20 Uhr, grönländischer Gottesdienst jeweils am ersten Sonntag im Monat 14 Uhr

⑦ Gråbrødretorv ★★ [B4]

Obwohl sehr zentral gelegen, wird diese urbane Oase leicht übersehen. Nur einen Steinwurf von der lebendigen Einkaufsmeile Strøget ④ entfernt kann man hier dem Großstadttrubel für eine Weile entfliehen.

Bis zum 16. Jahrhundert befand sich auf dem Areal des „Graubrüderplatzes" ein **Franziskanerkloster,** das von den grau gekleideten Brüdern bewohnt wurde, die dem Platz seinen heutigen Namen gaben. Im 17.

▷ *Der Gråbrødretorv überzeugt architektonisch und gastronomisch*

Jahrhundert taucht er zunächst unter dem Namen **Ulfeldt-Platz** in den Chroniken auf – benannt nach dem dänischen Adeligen und Staatsmann **Corfitz Ulfeldt** (1606–1664), der sein stattliches Wohnhaus an dem Platz hatte errichten lassen. Ulfeldts Vita ist jedoch bis heute eine der unrühmlichsten in der langen dänischen Geschichte: Er war ein machtgieriger Politiker am dänischen Hofe, der durch Lügen, Intrigen und offenen Landesverrat absolut verhasst war. Da man seiner nicht habhaft werden konnte, brannte man sein Haus bis auf die Grundmauern nieder und enthauptete symbolisch eine Puppe, die mit alten, fauligen Tierdärmen ausgestopft worden war. Auf seinem vormaligen Grundstück errichtete man eine Schandsäule, die von den vorbeieilenden Bürgern Kopenhagens regelmäßig bespuckt wurde.

Während der **Schlacht um Kopenhagen** im Jahr 1807 wurde die Bebauung des Platzes – wie auch 30 % der gesamten Stadt – von britischen Kriegsschiffen in Schutt und Asche gelegt. Dieser verheerende Vorfall ist jedoch das Glück des heutigen Besuchers. Eine **einheitliche, 200 Jahre alte Bebauung**, die mit viel Fingerspitzengefühl restauriert wurde, und eine **mächtige Platane** in der Mitte sorgen für den einmaligen Charme des Gråbrødretorv. Eine Vielzahl an **gastronomischen Angeboten**, im Sommer ergänzt durch kleine Tische und Stühle auf dem urigen Kopfsteinpflaster, locken die hungrigen Besucher an.

❽ **Amagertorv** ★★   **[C5]**

Der Amagertorv ist einer der schönsten Plätze der Stadt, wie nicht nur Einheimische behaupten. Als integraler Bestandteil der Fußgängerzone Strøget ❹ wird er von historischen Bauwerken gesäumt, die alle aufwendig restauriert worden sind.

022kn Abb.: mw

023kn Abb.: ld

Die Gebäude wurden in der Zeit zwischen dem 17. und 19. Jahrhundert von angesehenen Bürgern der Stadt als Wohnhäuser errichtet und beherbergen heute neben **exklusiven Wohnungen** und **Rechtsanwaltskanzleien** hauptsächlich schicke **Verkaufsstätten der dänischen Edelmarken**. Ob **Mads Nørgaard** (Mode, Hausnummer 15), **Georg Jensen** (Schmuck/Design, s. S. 21), **Lilly** (festliche Mode/Brautkleider, Hausnummer 19), **Royal Copenhagen** (königliche Porzellanmanufaktur, s. S. 21) oder **Illums Bolighus** (Möbel/Interieur, s. S. 21) – alle haben ihre prächtigen Hauptsitze an diesem Platz. Zur Erholung vom Einkaufsstress bieten sich **Kaffeehäuser** wie das klassische Café Norden oder das etwas jüngere Café Europa an, die beide in den Sommermonaten mit einer großen Außengastronomie um die durstigen Gäste buhlen. Und für Unterhaltung sorgen fast rund um die Uhr **Straßenkünstler**, die sich ihre Bühne um den mittig gelegenen **Storkespringvandet**, den **Storchenbrun-**

nen, suchen. Der Brunnen war übrigens ein Geschenk der Stadt an den Kronprinzen Fredrik und Kronprinzessin Louise anlässlich ihrer Silberhochzeit im Jahr 1894. Sollte gerade eine Gruppe junger Frauen in weißen Kitteln um den Brunnen tanzen, so sind diese keine betrunkenen Partygänger, sondern **Hebammen,** die traditionell ihren erfolgreichen Ausbildungsabschluss mit einem Tänzchen um den Springbrunnen zelebrieren.

Bis Mitte des 19. Jahrhunderts war der Amagertorv der wichtigste **Marktplatz** der Stadt. Hier traf man sich, tauschte die neusten Nachrichten aus und kaufte seine Lebensmittel ein. Die bäuerlichen Lieferanten kamen hauptsächlich von der angrenzenden, agrarisch geprägten Insel Amager – heute urbaner Bestandteil Kopenhagens – und priesen ihre Waren an. Somit erklärt sich auch der Name des Platzes von ganz allein.

❾ Runder Turm ★★ [B4]

Wo sich heute Touristen auf den Weg zur Aussichtsplattform begeben, ritt vor knapp 300 Jahren der russische Zar Peter der Große auf einem Pferd nach oben. Den Runden Turm erklimmt man nämlich nicht klassisch über Treppenstufen, sondern über einen spiralförmigen Aufgang, der sich siebeneinhalbmal um die eigene Achse dreht.

Royals bewegten sich schon damals ungern und so kam es dem Zaren, der 1716 auf Staatsbesuch in der dänischen Hauptstadt weilte, sehr entgegen, auf einem **Pferderücken** nach oben bis auf 35,5 m Höhe zu reiten. Seine Ehefrau wurde in einer **kleinen Kutsche** hinaufbefördert. Modernen Mythen zum Trotz wurde der treppenlose Gang nicht eigens für den russischen Herrscher angelegt, sondern war bereits bei der Fertigstellung des Gebäudes 1642 existent. Da der Turm als **Observatorium** und **universitäre Bibliothek** geplant worden war, hatten König Christian IV. und seine Baumeister vorausschauend geplant: Mit **Pferdegespannen** konnte man Tausende von Büchern und insbesondere die schweren Observatoriumteile einfach nach oben (oder unten) befördern.

Das Observatorium über der Aussichtsplattform wurde zeitgleich mit der Fertigstellung des Turmes eröffnet und ist heute **das älteste noch betriebene Observatorium der Welt.** Generationen von Astronomen haben hier durch Fernrohre die Sterne beobachtet und ihre wissenschaftlichen Kenntnisse erweitert. Erst 1861 wurde eine modernere, außerhalb des Stadtzentrums gelegene Sternwarte eröffnet und die wissenschaftliche Forschung dorthin verlegt. Doch bis heute können **Hobbyastronomen** mehrfach wöchentlich die historischen Geräte nutzen und ihrer Passion frönen. In der Sammlung des **Rundetårn** findet sich auch eine Reliquie des berühmtesten dänischen Steneguckers **Tycho Brahe:** Ein 6 x 6 cm großes Stoffstück vom Leichenhemd des in Prag begrabenen Wissenschaftlers wird hier hinter Glas aufbewahrt.

Aber auch für weniger wissenschaftsgeschichtlich Interessierte ist der Besuch des Turms absolut lohnenswert. Wenn man den steilen Auf-

◁ Einer der namensgebenden Vögel des Storchenbrunnens am Amagertorv ❽

stieg geschafft hat, wird man mit einem **tollen Ausblick über die Stadt** belohnt.

❯ **Rundetårn,** Købmagergade 52a, Tel. 33730373, www.rundetaarn.dk, Eintritt: Erwachsene 25 kr, Kinder (5–15 Jahre) 5 kr, geöffnet: Mitte Mai–Mitte Sept. tägl. 10–20, Rest des Jahres Do.–Mo. 10–18, Di.–Mi. 10–21 Uhr

❿ **Thorvaldsens Museum** ★★★ **[C5]**

Nur bei wenigen Menschen wird großes Talent schon in den Kindertagen entdeckt. Bertel Thorvaldsen (1770–1844) besuchte bereits mit elf Jahren die Kopenhagener Kunstakademie und zog als junger Mann nach Rom, um sich mit den Besten seiner Zunft messen zu können: Er wurde zum Vorbild mehrerer Bildhauergenerationen.

Seine unnachahmlichen Arbeiten machten Thorvaldsen nicht nur in Rom schnell zu einem Star seiner Zunft. Seine **Auftraggeber** kamen aus allen Herrscherhäusern Europas. **Napoleon Bonaparte** bestellt ein Kopernikus-Denkmal bei ihm – noch heute sitzt der große deutsch-polnische Astronom auf seinem Sockel in Warschau – und für **Papst Pius VII.** erschuf er dessen Grabmal – übrigens bis heute das einzige Kunstwerk im Petersdom, das von einem bekennenden Protestanten erschaffen wurde.

Nach über 40 Jahren des freiwilligen künstlerischen Exils kehrte er 1838 nach Kopenhagen zurück und wurde **wie ein Volksheld empfangen.** Umgehend wurde ihm zu Ehren ein **Museumsbau** initiiert, an dem er selbstverständlich künstlerisch federführend war. Das Thorvaldsens Museum wurde 1848 als **erstes Museum**

Dänemarks eröffnet und der Künstler selbst fand im Innenhof seine **letzte Ruhestätte:** Er war vier Jahre vor Fertigstellung verstorben.

Im Museumsgebäude beeindruckt zunächst das **Licht,** das durch die hohen Seitenfenster in die Gänge und Räumlichkeiten fällt. Die **reich verzierten Decken** und die **Muster der Bodenfliesen** sorgen für eine spektakuläre Atmosphäre, in der die Exponate erstklassig zur Geltung kommen. Die **Symbiose von Bauwerk und Ausstellungsgegenständen** ist ein Kunstwerk für sich und zieht auch weniger Kunstbeflissene unweigerlich in ihren Bann.

Das Dach des Museums ziert die **Siegesgöttin Victoria** mit einem Vierspänner, die deutschen Besuchern vom Brandenburger Tor bekannt vorkommen dürfte. Somit ist das wunderschöne Museum kaum zu verfehlen!

Gegen Pfand kann im Museumsshop ein **Audioguide** (auf Englisch) entliehen werden. Abrunden kann man den Museumsbesuch im angeschlossenen **Café,** das im Sommer sein Platzangebot in die offenen Hofbereich erweitert.

> Bertel Thorvaldsens Plads 2, Buslinien 1A, 2A, 15, 26, 29, Haltestelle: Christiansborg, www.thorvaldsensmuseum.dk, Tel. 33321532, geöffnet: Di.–So. 10–17 Uhr, Eintritt: Erwachsene 40 kr, unter 18 Jahren frei

▷ *Der Slotsholmskanal trennt die Insel Slotsholmen mit Schloss Christiansborg vom Rest der Stadt*

⑪ Schloss Christiansborg ★★★ [C5]

Ein ehemaliges Königsschloss als Heimstätte der Demokratie ist sehr dänisch-pragmatisch: Es wurde nicht radikal mit dem Alten gebrochen, sondern man suchte eher den weichen Übergang von der Monarchie zur Volksherrschaft und so beherbergt das Schloss Christiansborg das Folketing, das dänische Parlament.

Auf der **Insel Slotsholmen** wurde schon vor über 800 Jahren eine erste Burg errichtet. Stadtgründer **Bischof Absalon** ließ die Befestigungsanlage **Mitte des 12. Jahrhunderts** bauen. Noch heute kann man die Grundmauern von Absalons Burg unter Christiansborg besichtigen. Die folgenden vier Gebäudekomplexe – das Kopenhagener Schloss (Københavns Slot) und drei unterschiedliche Prachtbauten unter dem Namen Christiansborg – entstanden an exakt derselben Stelle. Somit müsste das aktuelle Schloss formal korrekt eigentlich als „Christiansborg, das dritte", bezeichnet werden.

Bei einem **schweren Brand 1884** wurde das zweite Christiansborg weitestgehend zerstört und ein neues Schloss sollte die ausgebrannte Ruine ersetzen. Nach einem langwierigen Entscheidungsprozess, der sich durch divergierende Interessen der politischen Parteien und architektonische Streitigkeiten über 20 Jahre hinziehen sollte, wurde erst **1907** der Grundstein für das heutige Schloss gelegt. Das Bauwerk des Architekten Thorvald Jørgensen wurde in mehreren Etappen eröffnet. So zog das **Parlament** 1918 in seine Räumlichkeiten ein und der **Oberste Gerichtshof** 1919. Die königlichen Repräsentationsräume wurden erst 1928 über-

geben und stellten den offiziellen Schlusspunkt der Bauarbeiten dar.

Die **Christiansborg Schlosskirche** wirkt von außen schlicht bis unauffällig, umso beeindruckender erscheint dem Besucher das Interieur des Gotteshauses. Hier begingen und begehen die Royals viele wichtige Ereig-

nisse von Taufen der kleinen Prinzen und Prinzessinnen bis hin zu Trauerfeiern für Mitglieder der Königsfamilie. Das **Folketing** mit seinem hufeisenförmigen Plenarsaal stellt das Herzstück der dänischen Demokratie dar, während die **Repräsentationsräume** mit Thronsaal, Rittersaal,

Sehenswertes in Schloss Christiansborg

› **Folketing.** Ganzjährig geöffnet, jedoch nur im Rahmen von kostenlosen Gruppenführungen zu besichtigen: So. 12 (Dänisch), 13 (Englisch) und 14 Uhr (Dänisch), nicht jedoch bei Parlamentssitzungen. 1. Juli bis Mitte September werktags englischsprachige Führungen um 13 Uhr.

› **Königliche Repräsentationsräume.** Geöffnet: tägl. 10–17 Uhr (Oktober– April Mo. geschlossen). Führungen 11 (Dänisch) und 15 Uhr (Englisch), spezielle Gobelin-Führung (nur auf Dänisch) täglich 13 Uhr im Rittersaal. Eintritt inkl. Führungen: Erwachsene 80 kr, Kinder von 7–14 Jahren 40 kr.

› **Historische Ruinenfundamente der Burg des Bischofs Absalon.** Geöffnet: täglich 10–17 Uhr (Oktober–April Mo. geschlossen), Eintritt: 40 kr (7–14 Jahre 20 kr). **Wegen Umbauarbeiten bis Januar 2014 geschlossen.**

› **Königliche Ställe und Kutschen.** Geöffnet: tägl. 13.30–16 Uhr möglich (Oktober–April Mo. geschlossen), Eintritt: 40 kr (7–14 Jahre 20 kr).

› **Theatermuseum.** Geöffnet: Di.–Do. 11–15, Sa.–So. 13–16 Uhr, Eintritt: 40 kr, bis 18 Jahre frei.

› **Christiansborg Schlosskirche.** Geöffnet: So. 10–17 Uhr, Oster- und Herbstferien sowie Juli täglich, Eintritt: frei.

› **Kombiticket** für die königlichen Räumlichkeiten, die Schlossruinen und die Ställe: 100 kr für Erwachsene und 50 kr für Kinder von 7 bis 14 Jahren.

Vom Ting zum Folketing

*Germanische Stämme kannten das Ting (alternativ auch „Thing" geschrieben) schon im ersten Jahrtausend nach Christus. So trafen sich **alle freien Männer eines Stammes** an festgelegten Orten - den Tingstätten -, um die Gemeinschaft betreffende Ereignisse zu besprechen und **Entscheidungen zu treffen**. Dabei wurden rechtliche Streitigkeiten beigelegt, Urteile gefällt und die bedeutendsten Fragen wie z. B. nach Krieg und Frieden beantwortet. Ihre Zustimmung artikulierten die Teilnehmer durch das Zusammenschlagen ihrer Schwerter, Ablehnung wurde ebenso akustisch geäußert: Lautes Murren bedeutete „Nein"!*

*Ab 1849 trafen sich auch die führenden Köpfe Dänemarks in einer Versammlung, die in Anlehnung an die historischen Vorläufer auf den Namen **Folketing** - also das Ting des Volkes - getauft wurde. Mitglied des Folketings konnten jedoch nur die **wohlhabenderen Bauern oder Bürger** des Landes werden, da Frauen, Männer der Unterschicht und unter 30-Jährige nicht wählbar waren und auch kein Stimmrecht besaßen. Neben dem Folketing bestand eine zweite Kammer des Parlamentes, in der sich die **aristokratische Oberschicht** versammelte: das **Landsting**.*

*Mit der **Grundgesetzänderung 1915** wurden die Beschränkungen aufgehoben, das **allgemeine Wahlrecht eingeführt** und bei der ersten freien und allgemeinen Wahl drei*

Alexandersaal und der royalen Gobelin-Sammlung, die königlichen Ställe und Kutschen die konstitutionelle Monarchie symbolisieren. Freunde der Theaterkunst sollten sich das angeschlossene **Theatermuseum** im Hoftheater nicht entgehen lassen, in dem man in die royale dänische Theatergeschichte entführt wird.

> **Christiansborg Slot,** Buslinien 1A, 2A, 15, 26, 29, Haltestelle: Christiansborg, www.slke.dk (dänische Schlösserverwaltung), www.ft.dk (Folketinget, das dänische Parlament)

⓬ Den Sorte Diamant (Der Schwarze Diamant) ★ [C6]

Bibliophile sollten sich diesen architektonisch und inhaltlich spannenden Leckerbissen nicht entgehen lassen. Als **Anbau der Königlichen Biblio-**thek wurde Den Sorte Diamant (Der Schwarze Diamant) 1999 eröffnet, kostete über 60 Millionen Euro und vergrößerte die Kapazitäten der Institution massiv. **Fast fünf Millionen Bücher,** die sich auf **160 Regal-Kilometern** (!) verteilen, stehen dem neugierigen Leser zur Verfügung. An insgesamt **486 Leseplätzen** kann man sie studieren.

Die Fassade des Gebäudes, die aus **simbabwischem Absolut Black Granit** besteht und in der sich das Wasser des Inneren Hafens spiegelt, war für den Volksmund namensgebend: Kaum ein Kopenhagener benutzt noch den offiziellen Terminus Königliche Bibliothek.

Im Zentrum des avantgardistischen Bauwerks erhebt sich ein fast 30 m hohes **gläsernes Atrium,** das die es umgebenden Räumlichkeiten mit na-

---

*Jahre später wurden auch gleich vier Frauen ins Folketing gewählt. In einer weiteren Reform wurde 1953 das **Zweikammerparlament zugunsten des Folketings aufgelöst.** Auch hatte der jeweilige **Monarch** nur noch re-präsentative Funktionen und verabschiedete neue Gesetze mit seiner Unterschrift. Die maßgebliche Position innerhalb des dänischen Parlamentarismus hat der **Statsminister** inne, der Regierungschef.*

*Seit September 2011 schmückt sich die Sozialdemokratin **Helle Thorning-Schmidt** mit diesem Titel und ist – analog zu Kanzlerin Merkel – die **erste weibliche Statsministerin** in der dänischen Geschichte. Obwohl sie anfangs von der Boulevardpresse we-gen ihres eleganten Kleidungsstils als „Gucci-Helle" verspottet worden war, erreichte ihre Partei knapp 25 % der Wählerstimmen und konnte somit ihren Vorgänger Lars Løkke Rasmussen aus dem Amt drängen. Sie sitzt einer sozial-liberalen Minderheitsregierung vor, die aus Sozialdemokraten, Radikal Venstre (sozial-liberal) und der Socialistisk Folkeparti (links) besteht.*

*Im dänischen Wahlrecht ist die Sperrfrist auf 2 % festgelegt, was zu einem deutlich größeren Parteienspektrum im Folketing führt. Aktuell sitzen **acht Parteien** in Christiansborg, die zusammen 175 Abgeordnete stellen. Erweitert wird das Parlament durch jeweils zwei Repräsentanten aus **Grönland** und von den **Färöer-Inseln.***

025kn Abb.: ld

türlichem Licht versorgt. Rund um diesen gigantischen Wintergarten verteilen sich die meisten öffentlichen Institutionen der Bibliothek. Für Besucher mit speziellem Interesse stehen innerhalb der Königlichen Bibliothek die **Historische Büchersammlung,** das **Musik- und Theaterzentrum,** die **Abteilung für Orientalistik und Judaistik,** das **Dänische Karikaturen-Museum,** das nicht erst seit dem weltweiten Streit um die Mohammed-Zeichnungen für politisch interessierte Besucher ein Magnet ist, und das **Nationale Fotomuseum** (s. S. 41), das mit wechselnden Ausstellungen auf sich aufmerksam macht, offen.

❭ **Den Kongelige Bibliotek,** Søren Kierkegaards Plads 1, Buslinie 66, Haltestelle: Det Kongelige Bibliotek, Tel. 33 47 47 47. Wechselnde Öffnungszeiten je nach Institution, aber in der werktäglichen Kernzeit von 10 bis 16 Uhr sind alle Bereiche geöffnet.

⌂ *Der Schwarze Diamant* ⑫ *ist ein echter Hingucker, der auch weniger bibliophile Besucher fasziniert*

⑬ **Börse** ★★ [C6]

Eines der bekanntesten und ältesten Gebäude der alten Kaufmannsstadt ist die Börse auf der Insel Slotsholmen, die sich genau in Nachbarschaft zum historischen Königsschloss Christiansborg ⑪ *befindet. Christian IV. ließ das Gebäude, genau wie den Runden Turm* ⑨, *in den Jahren 1619 bis 1640 errichten.*

Der König wollte Kopenhagen zu einer **europäischen Handelsmetropole** ausbauen und dazu gehörte auch bereits im 17. Jahrhundert eine repräsentative Börse. Unter Federführung der dänisch-flämischen Architektenbrüder Lorenz und Hans van Steenwinckel d. J. entstand ein Paradebeispiel der **niederländischen Renaissance.** Besonders markant erhebt sich bis heute der 56 m hohe **Börsenturm** in den Stadthimmel. Er stellt vier **ineinander verschlungene Drachenschwänze** dar, die das Bauwerk vor Feinden und Feuersbrünsten bewahren sollen – was bisher auch ausgezeichnet funktioniert hat. Im Erdgeschoss wurden **40 Handelskontore** eingerichtet, während sich im ersten Stock ein riesiger durchgehender **Raum für den Warenhandel** befand.

Die folgenden Jahrhunderte spiegeln sehr exakt die jeweilige **finanzielle Situation des Königshauses** wider. Der Börsen-Erbauer, Christian IV., ist bis heute für seine expansive, kriegerische Außenpolitik bekannt, der man jedoch nur mäßigen Erfolg zusprechen kann. Seine Kriege waren so kostspielig, dass er die Börse noch vor ihrer endgültigen Fertigstellung an einen mächtigen Kopenhagener Kaufmann **verpfänden** und später sogar verkaufen musste. Seine Nachfolger kauften es zurück, verpfändeten es wieder und so wechselte das imposante Gebäude mehrfach den Eigentümer. 1857 wurde es dann schlussendlich **privatisiert** und befindet sich heute in Besitz des dänischen Unternehmerverbands „Dansk Erhverv".

Das Börsengebäude durchlief diverse **architektonische Veränderungen** und Anpassungen. Vom heutigen **Kupferdach** wird es erst seit Ende des 19. Jahrhunderts bedeckt. Der bleierne Vorgänger wurde bereits während einer Belagerung Mitte des 17. Jahrhunderts partiell entfernt, um aus dem Material Kanonenkugeln im Kampf gegen die schwedischen Belagerer zu gießen.

Seit 1974 wird in der Börse nicht mehr gehandelt und spekuliert. Das Gebäudeinnere kann leider **nicht besichtigt werden.** Für Veranstaltungen, repräsentative Treffen oder Ausstellungen können die Räumlichkeiten – so denn die Finanzkraft gegeben ist – angemietet werden. Für einen digitalen Blick auf das Interieur empfiehlt sich folgende Website: www.borsbygningen.dk.

❯ **Børsen,** Buslinien 2A, 40, 66, Haltestelle: Børsen

⓴ **Kongens Nytorv** ★★ [D4]

Ob hier die Fußgängerzone Strøget ❹ *endet oder beginnt, darüber lässt sich streiten, aber dass der Kongens Nytorv einer der imposantesten Plätze der dänischen Hauptstadt ist, dürfte kaum jemand ernsthaft in Zweifel ziehen.*

Vor 400 Jahren wäre man kaum auf den Gedanken gekommen, dass das **schlammige, verdreckte Areal**, das sich plötzlich nach der Erweiterung der Befestigungsanlagen innerhalb des Stadtgebiets befand, einmal ein **repräsentativer Platz** werden würde. Reste der alten Stadtmauer, Erdhügel und der alltägliche Müll der Bewohner prägten das Erscheinungsbild. Erst nach der Krönung **Christian V.** im Jahr 1670 änderten sich die Vorzeichen. Der neue König wollte Kopenhagen weiter ausbauen und neben ökonomischer und militärischer Expansion sollte die aufstrebende Kapitale des dänischen Reiches auch optisch mit anderen europäischen Metropolen mithalten können.

In den letzten Jahrzehnten des 17. Jahrhunderts entstanden rund um den neuen Platz **imposante Bauwerke** und **Paläste.** Christian V. hatte nämlich angeordnet, dass nur die Reichen und Vornehmen der Gesellschaft Bauplätze erstehen konnten und deren städtische Palais hatten hohe architektonische Vorgaben zu erfüllen. Noch heute kann man das **Schloss Charlottenborg** (beherbergt heute die Königlich Dänische Kunstakademie) oder das **Thotts Palais** (heute die französische Botschaft) bewundern, die beide aus dieser Zeit stammen. In den folgenden Jahrhunderten entstanden u. a. mit dem **Erichsens Palais** (heute Zent-

Der Pølsevogn – eine dänische Institution

„Das kannst Du dem pølseman (Wurstverkäufer) auf dem Markt erzählen", ist eine ur-dänische Redewendung, die niemand gerne hört, bedeutet sie doch, dass der Erzählende so Langweiliges von sich gibt, dass niemand - außer dem *„pølseman"*, der nicht aus seinem Verkaufsstand flüchten kann - zuhören möchte. Gleichzeitig ist sie aber auch unbewusst eine Huldigung an die allgegenwärtigen *„**Wurstwagen**"* und ihre Betreiber, die bei Wind und Wetter über lange Stunden ihrer mühseligen Arbeit nachgehen.

MORFARS PØLSER

026kn Abb.: ld

1920 vergab die Stadtverwaltung erstmalig eine **Konzession** zum **mobilen Wurstverkauf** und im folgenden Jahr rollten die ersten, von Hand gezogenen *„pølsevogn"* durch die Straßen der Hauptstadt. Die eigentlichen Väter des nicht-stationären Wurstverkaufs kamen jedoch aus **Berlin**. Dort kannte man den Wurstverkäufer am Straßenrand schon seit Anfang des Jahrhunderts. Über den Umweg Schweden und Norwegen kam die Idee schließlich auch nach Dänemark, doch über viele Jahre verhinderte die starke **Restaurantlobby** die neue, preiswerte Konkurrenz. Für 25 Øre plus 8 Øre für das Brot konnte man damals den kleinen Hunger bekämpfen.

Parallel zum **technischen Fortschritt** wurden auch die *„pølsevogn"* komfortabler und die Verkäufer fanden Unterschlupf in den deutlich größeren Buden. Doch für die Kunden blieb das *„Café Fußkalt"*, wie die Wagen heute noch scherzhaft bezeichnet werden, eine reine Freiluftveranstaltung. In den letzten Jahren sank die Zahl der mobilen Verkaufsstände und aktuell findet man in Kopenhagen *ca. 60 „pølsevogn"*, die vornehmlich an belebten Kreuzungen und Plätzen geparkt sind. Damals wie heute gilt immer noch eine **unumstößliche Regel**: Abends müssen die Wagen den Platz verlassen und in einer Garage oder auf einem Abstellplatz die Nacht verbringen.

Tipp: Besonders zu empfehlen ist der Klassiker *„**Rød Pølse**"* - in Zeiten der ökologisch-nachhaltigen Lebensmittelproduktion ein Anachronismus -, eine knallrot gefärbte Wurst im aufgewärmten Brot mit Ketchup, Senf, Remoulade, Röstzwiebeln und süßlichen Gurkenscheiben als Krönung. Ebenfalls köstlich und mit deutlich geringerem Risiko von Ketchupflecken auf dem T-Shirt ist der *„**Fransk Hotdog**"* (französischer Hotdog), bei dem die Wurst in ein mit Dressing gefülltes Brötchen gedrückt wird.

⌂ *Aus dem Stadtbild nicht wegzudenken: der mobile Pølsevogn*

rale der Danske Bank), dem **Hotel D'Angleterre** (eins der vier 5-Sterne-Hotels der Stadt) oder dem **Magasin du Nord** (s. S. 20) weitere eindrucksvolle Bauwerke, die den kreisrunden Platz umgeben.

An der Südseite des Kongens Nytorv erhebt sich das mächtige **Königliche Theater** ⓯, in dem sich seit über 250 Jahren regelmäßig der Vorhang öffnet.

In der Mitte des Platzes hat sich Christian V. selbst ein **Denkmal** gesetzt. Hoch zu Ross und bekleidet wie ein römischer Imperator blickt er stolz über „seinen" Platz. Das Denkmal wurde aus Ermangelung höherwertiger Materialien 1688 **aus Blei** gegossen und zentral auf dem Platz aufgestellt. Über die Jahrzehnte gaben die Beine des Pferdes immer mehr nach und das Ross ging wortwörtlich in die Knie. Somit sahen sich die Verantwortlichen während des Zweiten Weltkriegs gezwungen, eine neue Statue zu gießen – diesmal aus stabiler Bronze.

Im Sommer wie im Winter ist der Kongens Nytorv ausgesprochen **belebt und populär**. In der warmen Jahreszeit versorgen mobile Eiskioske und Würstchenbuden – letztere auch in der kalten Jahreszeit – die Kopenhagener und die Besucher der Stadt. Im Winter kann man auf der alljährlich errichteten **Eisbahn** seine Runden drehen: Und das ganz kostenlos, nur der Schlittschuhverleih verlangt einen Obolus.

Wegen der **Bauarbeiten** an der Metro-Ringlinie (s. S. 55), die auch am Kongens Nytorv eine Station erhalten wird, ist bis mind. 2017 mit „optischen Einschränkungen" zu rechnen, da oberirdische Baucontainer die unterirdische Arbeit begleiten.

❯ Metro: Kongens Nytorv

⓯ **Königliches Theater** ★ **[D4]**

Seit 1748 befindet sich das Königliche Theater am Kongens Nytorv. Anfang des neuen Jahrtausends kamen mit der Oper ㉙ *(2005) und dem Schauspielhaus* ⓱ *(2008) zwei weitere, ausgesprochen illustre Spielstätten hinzu, die ebenfalls unter dem administrativen Dach des Kongelige Teater firmieren. Um die Bühnen besser unterscheiden zu können, agiert das alte Theatergebäude seitdem unter dem Namen „Gamle Scene" – also die „Alte Bühne".*

Diesen Namen trägt das Gebäude zu Recht. **Seit über 250 Jahren** logiert das royale Theater an gleichem Orte. Hier werden seit 1874 Dramen, Opern, Konzerte oder Ballettstücke aufgeführt. Finanzierungsprobleme verhinderten anfangs die Fertigstellung der pompösen Innendekoration, erst eine Finanzspritze des Carlsberg-Fonds sicherte den Bauabschluss.

Mit der Entstehung der neuen Häuser wurde das Programmspektrum neu gestaltet und auf der Gamle Scene gibt es hauptsächlich **Ballettaufführungen** und **kleinere Produktionen** zu sehen. Allen Neuerungen zum Trotz hat sich aber eine Tradition über all die Jahre gehalten: Wenn **Mitglieder der königlichen Familie** in ihre Loge geführt werden, erheben sich alle Nicht-Blaublüter und nehmen ihre Sitzplätze erst nach den Royals wieder ein.

❯ **Det Kongelige Teater,** Kongens Nytorv, Metro: Kongens Nytorv, Tel. 33696969 (Mo.–Sa. 10–16 Uhr), www.kglteater.dk. Die Theaterkasse öffnet mind. 2 Stunden vor der jeweiligen Vorstellung, alternativ kann man die Karten auch im Ticketcenter (Mo.–Sa. 14–18 Uhr) in der August Bournonvilles Passage 1 (Nachbargebäude) erstehen. Eintrittskarten ab 95 kr.

Indre By: von Nyhavn bis zur Kleinen Meerjungfrau

Vom Nyhavn-Kanal kann man das royale Kopenhagen rund um Schloss Amalienborg und Schloss Rosenborg in wenigen Minuten erreichen und am Kai Langelinie wartet in der Nähe des Kastells die bekannteste Dänin der Welt – die Kleine Meerjungfrau – auf die Besucher aus aller Welt.

16 Nyhavn ★★★ [D4]

Moderne Gastronomie statt Hafenspelunke, sonniges Café statt dunklem Tattoostudio, avantgardistische Designlampen statt Rotlicht – der „Neue Hafen", die ehemalige Ausgehmeile der Seeleute und Hafenarbeiter, hat den Wandel ins 21. Jahrhun-

dert gemeistert und aus dem einstigen Schmuddelkind ist die längste Bar Skandinaviens geworden.

Der **alte Stichkanal** vom Kopenhagener Hafen zum Stadtzentrum und die **beidseitige Bebauung aus dem 18. und 19. Jahrhundert** sind für Einheimische und Touristen gleichermaßen Anziehungspunkt. Mit dem Bau des Nyhavn in den 1670er-Jahren gehört das Stadtgebiet um den Kanal zu den belebtesten Quartieren der Stadt. Auf der **südlichen Seite** wohnten die wohlhabenderen Bürger, während sich **nördlich des Wasserweges** die einfacheren Kopenhagener ansiedelten – dort wo heute die pittoresken, bunten Häuschen die Tou-

Preiswertes Bier in illustrer Lage

Wer es gerne etwas rustikaler mag und wem die Getränkepreise in den gastronomischen Betrieben von Nyhavn ⓰ zu happig sind, der besucht einfach einen **døgnkiosk**. Das sind **kleine Kioske** – in Berlin als Spätkauf oder in Köln als Büdchen bekannt –, die **besonders lange Öffnungszeiten** haben. Dort bezahlt man für ein Sixpack Tuborg fast den gleichen Preis, den die Cafés und Kneipen direkt am Kanal für ein Bier aufrufen. Auf der hölzernen Kaimauer findet man fast immer ein sonniges Plätzchen und kommt schnell mit den Kopenhagenern in Kontakt. Und um die leeren Dosen oder Flaschen muss man sich auch nicht kümmern, das erledigt die „Pfandmafia" von Nyhavn, deren Mitglieder eifrigst den Kai hoch- und runterlaufen.

🔖**98** [D4] **Døgnkiosk**, Lille Strandstræde 3. In einer Seitenstraße von Nyhavn, im Souterrain gelegen. Beim Eintreten auf den niedrigen Türrahmen achten – besonders beim zweiten Sixpack!

risten in Verzückung und deren Digitalkameras zum Glühen bringen. Die Kais standen damals voll mit Gütern und Waren aller Art, in den Gasthäusern saßen die Passagiere und warteten auf ihre Schiffspassage und in den Kneipen wie Hong Kong oder Kap Hoorn – beide existieren bis heute – setzten die Tagelöhner und Matrosen ihre Heuer in Alkohol um und träumten von fernen Gefilden.

Mitte des 20. Jahrhunderts hatte das Hafenviertel einen **üblen Ruf** und man verband Nyhavn mit Suff, Schlägereien und Prostitution. Die Entwicklung ging nur in eine Richtung: abwärts! Erst Ende der 1970er-Jahre wurde der Trend gestoppt. Der nördliche Kai wurde **verkehrsberuhigt** und im Kanal selbst dürfen seit dieser Zeit nur noch **historische Dampfer und Segelschiffe** vertäut werden. Aus den dreckigen Hafenspelunken wurden peu à peu **schicke Restaurants und Cafés** und für die dänische Mittelschicht war es mit einem Mal angesagt, in Nyhavn auszugehen.

027kn Abb.: ld

◁ *Die urig-maritime Atmosphäre am Nyhavn darf man nicht verpassen*

Heute tummeln sich die hungrigen, durstigen und neugierigen Besucher auf der nördlichen – der sonnigen – Seite des Kanals. **Insbesondere in den Sommermonaten** stehen unzählige Tische, Stühle und Sonnenschirme auf dem Kopfsteinpflaster und es ist teilweise schwierig, einen freien Tisch zu ergattern. Am Kopfende von Nyhavn, in der Nähe des Gedenkankers für die im Zweiten Weltkrieg gefallenen dänischen Seeleute, befindet sich auch der wichtigste Anleger für die ausgesprochen populären **Hafenrundfahrten** (s. S. 122).

> Metro: Kongens Nytorv

⑰ Schauspielhaus ★ [E4]

Seit 2008 hat das **Königliche Theater** neben dem historischen Stammgebäude ⑮ am Kongens Nytorv und der Oper ㉙ auf der Insel Holmen (schräg gegenüber des Schauspielhauses) eine dritte, topmoderne Spielstätte unter seiner Obhut. Direkt am Hafen gelegen spricht das offene Konzept des **Skuespilhuset** nicht nur Architektur-Aficionados an. Um den dunkelbraunen Kern des Theaters schmiegt sich eine **Glas-und-Stahl-Front**, die das Tageslicht ins Foyer strahlen lässt. Zum Wasser hin schließt sich eine ausladende **Holzterrasse** an, die besonders im Sommer zum Verweilen einlädt.

Auf den **drei Bühnen** des Hauses werden sowohl klassische Stücke als auch modernste Theaterkunst präsentiert. Direkt an der nördlichen Seite des Schauspielhauses befindet sich die **Freiluftbühne Ofelia Beach**, die jedoch nur in den warmen Monaten bespielt wird. Kulinarische Stärkung erfährt der Besucher im **Café und Restaurant Ofelia** im Hauptkomplex (Mo.–Sa. 10–23 Uhr).

> **Skuespilhuset**, Sankt Annæ Plads 36, Metro: Kongens Nytorv, Hafenbus (Fähre) Nr. 903, Tel. 33696969, www.kglteater. dk, Eintrittskarten: 75–595 kr, Theaterführungen (wechselnde Tage und Zeiten): 100 kr (Kinder 50 kr)

⑱ Schloss Amalienborg ★★★ [E3]

Ein zentrales Reiterstandbild, ein achteckiger Platz und vier (fast) identische Palais, die sich darum gruppieren: Schloss Amalienborg ist bereits seit über 200 Jahren offizieller Wohnsitz der dänischen Monarchen.

Das Schloss, so wie es heute zu bewundern ist, entstand in den 1750er-Jahren auf Initiative des damaligen Königs **Frederik V.** Die Pläne zielten damals auf die Errichtung eines Rokoko-Ensembles, das von **vier adeligen Familien** bewohnt werden sollte. Es sollte zum Zentrum des neuen, repräsentativen Stadtviertels Frederikstaden werden. Dass es ein knappes halbes Jahrhundert später zum royalen **Schloss** aufstieg, war weder absehbar noch geplant.

Ein schwerer **Schlossbrand in Christiansborg** ⑪, dem traditionellen Wohnsitz des dänischen Herrschergeschlechts, im Jahr 1794, warf alle „Wohnungspläne" über den Haufen. Von heute auf morgen waren die Royals obdachlos und benötigten eine angemessene Bleibe. Die **Familie Moltke**, Bewohner und Besitzer des gleichnamigen Palais (heute Teil von Amalienborg), stellte Christian VII. und dessen Gefolge ihr Anwesen als **temporären Wohnsitz** zur Verfügung. Sie selbst zogen nun ganzjährig auf ihre Besitzungen auf die Insel Fünen. Nur wenig später einigte sich die Königsfamilie mit den Moltkes und den **Schacks**, den

Besitzern des östlich angrenzenden Palais, über den Kauf ihrer Stadtpaläste. Noch heute sind die beiden ersten vom König erworbenen Palais deutlich erkennbar: Nach dem Einzug der Royals wurde ein **Verbindungstor** geschaffen, das einen Übergang von dem einen zum anderen Gebäude ermöglichte, ohne dass sich die Royals für die Straßenüberquerung in Schale werfen mussten.

028kn Abb.: ld

▷ *Beliebtes Fotomotiv: die Ehrengarde vor dem Schloss Amalienborg*

Frederik V. zu Pferde – ein teures Vergnügen

Als Initiator des Amalienborg-Ensembles ⓲ gebühre ihm ein *Ehrenplatz* - so dachte Frederik V. Was lag da näher, als ganz im Zeichen der Zeit ein *monumentales Denkmal* errichten zu lassen, das die Größe und Macht des Dänenkönigs symbolisierte.

Der französische Bildhauer **Jacques-François-Joseph Saly** wurde mit der Schaffung eines Reiterstandbildes beauftragt und verlegte seinen **Wohnsitz** umgehend **nach Kopenhagen**. Vor seinem Atelier hatte er eine Koppel anlegen lassen, um die Bewegungen und Proportionen der Pferde ausgiebig studieren zu können. Mehrere Jahre zeichnete er Skizzen über Skizzen, um sie anschließend wieder zu verwerfen. **Nach zehn Jahren** hatte er endlich ein Gipsmodell erstellt, das auch dem König gefiel. Um aus dem Gipsmodell eine Bronzeskulptur zu erschaffen, wurden sein Landsmann **Pierre Gor und dessen fünfköpfiges Team** ins Land geholt, die umgehend die königliche Kanonengießerei erweiterten, da der vorhandene Brennofen für das bombastische Denkmal zu klein war. Es wurden auf königliche Rechnung **Unmengen an Materialien** bestellt (und teilweise unter der Hand gewinnbringend weiterverkauft!) und 14 Jahre nach Beginn des Projekts war der reitende König endlich fertig.

Das Standbild wog **22 Tonnen** und über 200 Soldaten zogen es auf einem eigens konstruierten Schlitten von der Gießerei am Kongens Nytorv zu seinem heutigen Standort. Bei der Einweihung 1771 war der Auftraggeber Frederik V. schon fünf Jahre tot und die Kosten des Denkmals waren explodiert: Es hatte am Ende **mehr gekostet als die vier Amalienborger Palais zusammen!**

Wachwechsel der königlichen Ehrengarde

Täglich um Punkt 12 Uhr findet in Amalienborg ⓲ der Wachwechsel statt, was selbstverständlich immer viele neugierige Besucher anzieht. Dabei gibt es drei unterschiedliche Arten des soldatischen Austauschs:

❯ **Königswachwechsel:** Befindet sich Königin Margrethe II. im Schloss, wird das ganz große Rad gedreht. Dutzende Soldaten in Paradeuniform, begleitet von einem imposanten Musikkorps, marschieren dann im Stechschritt über den Platz.

❯ **Leutnantwachwechsel:** Ist die Königin nicht anwesend, aber mindestens einer der Kronprinzen, der Prinzgemahl oder Prinzessin Benedikte (die jüngere Schwester Margrethes), dann erscheint ein mittelgroßes Soldatenregiment mit Musikbegleitung.

❯ **Palaiswachwechsel:** Das ist die bescheidenste Form des mittäglichen Wachwechsels und findet statt, wenn kein royales Haupt in den Gemächern des Schlosses verweilt. Dieses Prozedere findet ohne musikalische Begleitung statt.

Mit dem Erwerb der **Palais Brockdorff** und **Levetzau** in den folgenden Jahren waren schließlich alle vier Gebäudeteile in den Händen des Königs und Schloss Amalienborg wurde zum Zentrum des Reiches – eine Rückkehr nach Christiansborg wurde nie ernsthaft in Erwägung gezogen.

Über die Jahrzehnte änderte sich die Nutzung der jeweiligen Gebäude mehrfach. Heute residieren **Königin Margrethe II.** und ihr Gemahl im Palais Schack. Um festzustellen, ob die Königin zu Hause ist, braucht man nicht zu klingeln, denn dann weht nämlich die königliche Fahne auf dem Dach des Gebäudes. Kronprinz Frederik und seine aus Australien stammende Gattin Mary bewohnen das Palais Brockdorff, das Palais Moltke dient als Gästewohnung für hohe Staatsgäste und das Palais Levetzau beherbergt das **Amalienborg Museum**. Die permanente Ausstellung zur Königsfamilie und zum Schloss wird durch wechselnde Präsentationen ergänzt.

❯ **Amalienborgmuseet,** Palais Levetzau, Amalienborg Slot, Metro: Kongens Nytorv, Tel. 33122186, http://dkks.dk/ amalienborgmuseet, geöffnet: Mai–Oktober tägl. 10–16 Uhr, November–April Di.–So. 11–16 Uhr, Eintritt: Erwachsene 65 kr, bis 17 Jahre gratis

⓳ Frederikskirche/ Marmorkirche ★★ [D3]

Große Projekte werden nur selten pünktlich fertiggestellt, aber der Bau der „Marmorkirche" ist diesbezüglich absolut rekordverdächtig: Zwischen Baubeginn und Einweihung des Gotteshauses lagen 145 Jahre!

Im Zusammenhang mit der Erbauung des Schlosses Amalienborg ⓲ wurde auch ein **pompöser Dom** geplant, der das eine Ende der Sichtachse vom Hafen über das Reiterstandbild Frederiks V. darstellen sollte. Die ursprüngliche Idee ging von einer **gigantischen Kuppel** mit 45 m Durchmesser aus (heute 31 m) und das Bauwerk sollte aus **kostbarem Marmor** errichtet werden. Thronfolgen, veränderte Prioritäten und – nicht anders als heute – Geldmangel führten im letzten Drittel des 18. Jahrhunderts schließlich zu einem **kompletten Baustopp**.

Fast 100 Jahre befand sich auf dem Areal somit eine Bauruine und trotz vielversprechender neuer Pläne scheiterte der Weiterbau immer wieder an den fehlenden Mitteln. Erst als der Großindustrielle und Bankier **Carl Frederik Tietgen 1874** das Grundstück mit der Kirchenruine vom Staat erstand, ging der Bau weiter. Tietgen war neben seiner überaus erfolgreichen unternehmerischen Tätigkeit – er gründete Reedereien, Eisenbahngesellschaften, Kommunikationsunternehmen und auch die Tuborg-Brauerei – ein ausgesprochen frommer Mann. Dank seines Engagements und Geldes konnte die „Marmorkirken" (Marmorkirche), die zu großen Teilen **aus Sandstein** besteht, **1894 eröffnet** werden.

Im Inneren wird der Besucher von einem **kreisrunden Kirchenschiff** empfangen. Die mächtige Kuppel ruht auf **zwölf massiven Säulen** und beim Blick nach oben entdeckt man über der Fensterreihe **aufwendige Verzierungen** und **Malereien** – jedoch immer protestantisch schlicht.

> **Frederiks Kirke,** Frederiksgade 4, Metro: Kongens Nytorv, Tel. 33150144 (Mo.–Do. 11–12 Uhr), www.marmorkirken.dk, geöffnet: Mo.–Do. 10–17 (mittwochs bis 18.30), Fr. 12–17, Sa. 10–17, So. 12–17 Uhr, Eintritt: frei, Kuppelbesteigung Sa./So. 13 und 15 Uhr, 25 kr (Kinder 10 kr)

⑳ Schloss Rosenborg und Königlicher Garten ★★★ [C3]

Die funkelnde Königskrone Christians V., der goldene Reichsapfel oder der Krönungsdegen Frederiks III. – diese und viele andere royale Insignien können in der Schatzkammer des Schlosses Rosenborg besichtigt werden.

Der dänische Monarch **Christian IV.** war ein ausgesprochen umtriebiger Bauherr und noch heute zeugen viele Bauwerke von seinen Aktivitäten. Anfang des 17. Jahrhunderts ließ er ein Areal, das genau an die Befestigungsanlagen der Stadt angrenzte, großflächig räumen und die Häuser abreißen. Der König benötigte eine **grüne Ruheoase** am Rande der pulsierenden Stadt. Die gewonnene Fläche wurde umgehend in eine **zeitgenössische Parkanlage** umgewandelt,

029kn Abb.: ld

◻ *In der Schatzkammer von Schloss Rosenborg werden die dänischen Kronjuwelen ausgestellt* die sich durch eine strikte geometrische Gestaltung auszeichnete. Innerhalb des Parks wurde ein **bescheidener, zweistöckiger Pavillon** errichtet, der dem König als angenehmes Ausweichquartier in Stadtnähe dienen sollte.

Doch Bescheidenheit und Kontinuität waren keine Kardinaltugenden des jungen Königs. Mehrfach wurde der Pavillon ausgebaut und erreichte in den 1630er-Jahren ungefähr seine heutige Ausgestaltung: Aus dem Pavillon war ein **üppiges Schloss** geworden, das – ähnlich wie die Börse ⓭ oder andere Gebäude aus dieser Epoche – im Stil der Niederländischen Renaissance erstrahlte.

Bis Anfang des 18. Jahrhunderts diente Rosenborg als Wohnsitz dänischer Monarchen und das Interieur wurde seitdem nicht modernisiert oder der jeweils vorherrschenden Stilrichtung angepasst. Somit betritt der Besucher heute ein Bauwerk, das

quasi wie in einer 300 Jahre alten Zeitkapsel überdauert hat. Die **historischen Räumlichkeiten** mit ihren prachtvollen Malereien und Wanddekorationen, kostbaren Einrichtungsgegenständen und Möbeln, aber auch alltäglichen Gebrauchsgegenständen wie den Kinderstühlen der späteren Regenten können besichtigt werden. Höhepunkt ist der Besuch der **Schatzkammer** mit den **dänischen Kronjuwelen,** die seit 2011 von neuartigen LED-Lampen illuminiert werden, welche die volle Farbenpracht der Exponate noch besser zur Geltung bringen.

Der Königliche Garten diente anfangs nicht nur als Ruheoase, sondern auch als **Anbaufläche für Früchte, Gemüse oder Blumen,** die bei Hofe benötigt wurden. Im Gegensatz zum Schloss Rosenborg kann man an den Umgestaltungen der Parkanlage die jeweils aktuelle Mode eins zu eins ablesen. Von der **Renaissance** über

030kn Abb.: ld

die **Barockzeit** mit akkurat getrimmten Alleen aus Linden, die die Gehwege zu regelrechten Hohlwegen umformten, bis hin zur **Romantik**, die sich englische Gartenanlagen zum Vorbild nahm, sind alle landschaftsgestalterischen Vorlieben im **Kongens Have** zu finden. Besonders die großen, offenen Rasenflächen sorgen noch heute für die Popularität des ältesten Parks der Stadt: In den Sommermonaten treffen sich die Kopenhagener hier und breiten ihre Decken aus, picknicken oder lesen ein Buch.

> **Rosenborg Slot**, Øster Voldgade 4A, Metro und S-Bahn: Nørreport, Tel. 33153286, www.dkks.dk, geöffnet: Mai, September–Oktober tägl. 10–16 Uhr, Juni–August tägl. 10–17 Uhr, November–April Di.–So. 11–14 Uhr (Schloss), Schatzkammer 11–16 Uhr, Eintritt: Erwachsene 80 kr, bis 17 Jahre frei

㉑ Botanischer Garten ★★ [B2]

Der Botanische Garten, der größte Dänemarks, besteht aus drei Teilen: der klassischen Gartenanlage mit unzähligen Pflanzen und Gewächsen, dem Botanischen Museum mit getrockneter und konservierter Flora sowie der Botanischen Bibliothek mit gesammelter Fachliteratur.

Seit 1874 lädt der Botanische Garten der Universität Kopenhagen zum Flanieren und Staunen ein. Dabei steht im Gegensatz zu gewöhnlichen Parkanlagen das **biologische Interesse** im Vordergrund und folglich sind Aktivitäten wie Radfahren, Joggen oder Picknicken nicht zugelassen.

◁ *Ein stattlicher Löwe wacht über den Königlichen Garten*

Besonderer Besuchermagnet ist das **riesige Palmenhaus** aus den 1870er-Jahren. Mit dem Londoner Chrystal Palace als architektonisches Vorbild ragt es optisch wie auch inhaltlich aus der Gartenanlage heraus. In fünf unterschiedlichen Abteilungen mit **jeweils entsprechenden Mikroklimata** wachsen und gedeihen hier tropische und subtropische Palmen, exotische Nutzpflanzen wie Kaffee und Passionsfrucht oder Mangrovenbäume. Über eine Wendeltreppe gelangt man sogar hoch über die Baumkronen und kann das wild wuchernde Grün von oben betrachten. Ein echtes Erlebnis.

> **Botanisk Have**, Øster Farimagsgade 2B, Eingang über Gothergade 128 (Haupteingang) oder Øster Farimagsgade 2C (Nebeneingang), Metro: Nørreport, Tel. 35322222, www.botanik.snm.ku.dk, geöffnet: Mai–September tägl. 8.30–18 Uhr, November–April Di.–So. 8.30–16 Uhr, Palmenhaus tägl. 10–15 Uhr (im Winter Mo. geschlossen), Eintritt: frei

㉒ Dänische Nationalgalerie ★★ [C2]

Einen Rundgang durch 700 Jahre Kunstgeschichte in den Bereichen Malerei, Bildhauerei, Fotografie oder moderne Installationskunst ermöglicht einem das Statens Museum for Kunst – und das sogar kostenlos!

In der Nationalgalerie wurden **private Sammlungen, staatliche Kollektionen** und viele **Kunstwerke aus dem Königshaus** gebündelt. Wenige Jahre nach Eröffnung des Museums im Jahr 1896 war das Gebäude dann auch schon wieder zu klein geworden und ein Teil der königlichen Abgusssammlung wurde wieder ausgelagert. In den 1990er-Jahren bestand trotz diverser Auslagerungen massiver Handlungsbedarf: Der Platz für die **ca. 9000 Bilder und Skulpturen** war schlichtweg nicht ausreichend. Das historische Hauptgebäude wurde deshalb mit einem **großzügigen, modernen Anbau** erweitert und die beiden Flügel durch einen gläsernen Skulpturengang miteinander verbunden. Mit dem 1998 eröffneten Anbau wurde das Platzproblem (zumindest für den Moment) gelöst.

Für Kunstfreunde jeglicher Couleur ist der Besuch des SMK ein absolutes Muss. In der **Königlichen Malerei- und Skulpturensammlung** trifft man auf klassische Namen wie Titian, Rubens oder Rembrandt, neuere Ikonen wie Picasso, Matisse oder Emil Nolde oder zeitgenössische dänische Künstler wie Kirkeby oder Elmgreen und Dragset. In der **Königlichen Kupferstichsammlung**, in der auch Zeichnungen, Grafiken, Fotografien u. Ä. gezeigt werden, kann man allein schon Stunden verbringen. Über 300.000 Exponate zählt der Fundus und reicht von Werken Dürers bis zur Fotografie des 20. Jahrhunderts.

Neben den berühmten Dauerausstellungen wird das Angebot immer wieder durch **spektakuläre Sonderpräsentationen** ergänzt. So waren z. B. im Herbst 2010 die großflächigen Bilder des Sängers und Malers Bob Dylan zu sehen. Nach all der geballten Kunst bietet das **Museumscafé** mit seiner großen Glasfront eine lichtdurchflutete Pausenmöglichkeit und im angeschlossenen **Museumsshop** kann man Poster oder dekorative Bildbände erstehen.

❯ **Statens Museum for Kunst,** Sølvgade 48–50, Metro: Nørreport, Tel. 33748494, www.smk.dk, geöffnet: Di.– So. 10–17, Mi. bis 20 Uhr, Eintritt: frei, nur für größere Sonderausstellungen wird Eintrittsgeld verlangt

㉓ Kastell ★★ **[E1]**

Ab dem 9. April 1940, nachdem man das nördliche Tor in die Luft gesprengt hatte, war das Kastell von Kopenhagen eines der ersten von der Wehrmacht besetzten Areale Dänemarks. Der ehemalige Reichsbevollmächtigte für Dänemark, Werner Best, war fünf Jahre später aber auch der letzte Gefangene, der je im Kastellet inhaftiert war.

Zum Glück waren die deutsche Invasion und anschließende Besetzung Dänemarks das letzte Kapitel in der kriegerischen Geschichte dieser militärischen Befestigungsanlage. Im 17. Jahrhundert von Christian IV. als **Sankt Annæ Skanse** errichtet, sollte die Anlage in den kommenden Jahrhunderten immer weiter ausgebaut und den militärischen Notwendigkeiten angepasst werden. In dieser Zeit bildete das Kastell zweimal das **Kernstück der Kopenhagener Stadtverteidigung**: während der schwedischen Belagerung 1658 bis 1660 (erfolgreich) und 1807 bei einem englischen Flottenangriff (erfolglos).

Nach Ende des Zweiten Weltkriegs und wegen des technischen Fortschritts war das Kastell **als militärische Verteidigungsbastion obsolet geworden**. Trotzdem beherbergt es bis heute diverse **Einrichtungen der dänischen Armee.** Die friedliche Gegenwart spiegelt sich aber darin wider, dass Mütter mit ihren Kinderwagen gemütlich über das Militärareal flanieren und Kinder auf den alten Wallanlagen herumtollen.

Neben den **historischen Kasernen,** dem **Kommandeursgebäude,** der **Kirche** und der **alten Windmühle** entstand 2011 ein neues Bauwerk. In der nordöstlichen Ecke, der Prinzessinnen-Bastion, wurde im September feierlich das aktuellste Denkmal der Stadt eingeweiht: das **Denkmal für die internationalen Einsätze Dänemarks.** Die komplette Königsfamilie war anwesend und untermauerte somit ihre Solidarität mit den dänischen Truppen.

› **Kastellet,** www.kastellet.info, S-Bahn: Østerport, Buslinien 1A, 15, Haltestelle: Esplanaden/Grønningen (von dort ca. 200 m durch den Park bis zum südlichen Eingang), Eintritt: frei, geöffnet: tägl. 6–22 Uhr

㉔ Kleine Meerjungfrau ★★ [F1]

Klein, aber oho! Sie ist gerade einmal 1,25 m groß, wiegt 175 kg und trotzdem (oder gerade deshalb) ist sie das bekannteste Wahrzeichen Kopenhagens, ja sogar ganz Dänemarks.

Die Kleine Meerjungfrau ist **klein, zierlich** und **unbekleidet** und trotzt seit fast 100 Jahren allen Wetterunbilden. **Seit dem 23. August 1913** hockt die zarte Nixe auf einem Felsen, der nur wenige Meter vom Ufer entfernt im Kopenhagener Hafenbecken liegt. Der **Carlsberg-Gründer Carl Jacobsen** war ein großer Anhänger des Autors **Hans Christian Andersen,** der unter anderem das Märchen „Die Kleine Meerjungfrau" verfasst hat. Jacobsen war allerdings mindestens ebenso sehr von der **Primaballerina Ellen Price** begeistert, die auf der Bühne des Königlichen Theaters die Meerjungfrau im gleichnamigen Ballettstück verkörperte. Zwei Flie-

◠ Die bekannteste Dänin aller Zeiten trotzt seit 100 Jahren allen Wetterunbilden und touristischen Blitzlichtgewittern

gen mit einer Klappe schlagend, beauftragte er den bekannten Bildhauer **Edvard Eriksen,** eine Meerjungfrauenskulptur nach dem Abbild von Price zu erschaffen. Da sich Letztere aber weigerte, dem Künstler nackt Modell zu sitzen, wurde nur ihr Kopf als Vorbild genommen. Den bronzenen Körper modellierte Eriksen schließlich ganz nach seiner Frau Elin.

Schnell wurde die Skulptur ein absoluter Publikumsliebling. Aber nicht alle waren gleichermaßen von der nackten Dame begeistert. Ob es Ablehnung oder schiere Provokation war, ließ sich nie feststellen, doch im Jahr 1964 wurde die **Lille Havfrue** erstmalig in einer nächtlichen Aktion **geköpft.** Die dänische Öffentlichkeit war aus dem Häuschen. Trotz intensivster Polizeiarbeit konnten der oder die Täter nie ermittelt werden, wenngleich viel auf eine Gruppe dänischer Aktionskünstler als Enthaupter hin-

Hans Christian Andersen: Leben und Werk

Hans Christian Andersen ist der berühmteste Däne der Neuzeit. Selbst Menschen, denen sein Name nichts sagt, kennen zumindest einige seiner Werke. **Neben Romanen, Gedichten und Reiseberichten** *beruht sein Ruhm vor allen Dingen auf seinen* **Märchen,** *von denen er über 160 zu Papier brachte. Ob es nun „Die kleine Meerjungfrau", „Der standhafte Zinnsoldat", „Die Prinzessin auf der Erbse" oder „Das hässliche Entlein" ist – heute gebräuchliche Redewendungen, die wir allein Hans Christian Andersen verdanken –, fast jeder hat schon einmal von diesen Geschichten gehört, sie gelesen oder eine der unzähligen Verfilmungen gesehen. Andersens Märchen haben* **weltweite Verbreitung** *erfahren und sind in über 150 Sprachen übersetzt worden. Schon zu Lebzeiten war er eine Legende.*

Dabei hatte er alles andere als ideale Startvoraussetzungen. Andersen wurde 1805 in ausgesprochen **ärmlichen Verhältnissen** *in* **Odense** *auf der dänischen Insel Fünen geboren. Sein Vater war einfacher Schuster und seine deutlich ältere Mutter arbeitete als Hausmädchen. Obwohl der Vater starb, als Hans Christian noch ein Kind war, erhielt er eine* **einfache Schulausbildung,** *die* **vom dänischen König finanziert** *wurde, was von einigen Biografen als Indiz für eine mögliche geheimgehaltene, „blaublütige" Vaterschaft angesehen wird. Andere Forscher verweisen diesen Ansatz in das Fabelreich.*

Bereits als Kind war Andersen darauf angewiesen, sich teilweise selbst durch einfache **Handlangertätigkeiten** *zu finanzieren. Im Alter von 14 Jahren strebte er nach neuen, unbekannten Horizonten und machte sich mit einer Postkutsche auf den Weg in die* **Hauptstadt.** *Über Bekannte aus Odense kam er in Kontakt mit einflussreichen Persönlichkeiten Kopenhagens. Nach einem Vorsingen in der Gesangsschule des Königlichen Theaters erhielt er sogar ein kleines* **Stipendium,** *um sein* **musisches Talent** *zu fördern, doch der einsetzende* **Stimmbruch** *und sein limitiertes Können setzten der Sangeskarriere ein schnelles Ende. Auch als* **Tänzer** *und später als* **Schauspieler** *scheiterte er trotz intensivster Bemühungen. Als letzte Chance für eine kreative Tätigkeit blieb nur* **das Schreiben.** *Obwohl der Entwurf eines Theaterstücks vom Direktor des Königlichen Theaters,* **Jonas Collin,** *abgelehnt wurde, meinte dieser doch eine Begabung bei dem jungen* **Schriftsteller** *entdeckt zu haben. Mit Collins Hilfe erhielt H. C. Andersen ein* **royales Stipendium.** *Mit dieser finanziellen Unterstützung im Rücken schloss Andersen in den fol-*

wies. In den folgenden Jahrzehnten war die zierliche Dame immer wieder **Opfer von Anschlägen**. Sie wurde mit Farbe besprüht, ihr wurde ein Arm amputiert, sie wurde mit Dynamit gleich ganz vom Sockel gepustet oder von radikalen Feministinnen mit einer Penisattrappe „verziert". Seit ihr **hohler Bronzekörper** gegen Ende der 1990er-Jahre **mit Beton ausgegossen** wurde, sind ihr keine Körperteile mehr abhandengekommen. Und

genden Jahren eine **höhere Schulbildung** ab. Wenig später veröffentlichte er seine ersten Texte, schaffte den Durchbruch und war nicht mehr auf spendable Gönner angewiesen. Es folgten **über 30 Auslandsreisen** in die benachbarten skandinavischen Staaten, nach Deutschland, Italien, Spanien, Portugal und Großbritannien, wo er den berühmten **Charles Dickens** kennenlernte und eine lebenslange Freundschaft mit ihm schloss.

So erfolgreich seine schriftstellerische Tätigkeit auch war, im **Privatleben** war Andersen - wie er auch in seiner Autobiografie „Das Märchen meines Lebens ohne Dichtung" andeutete - nie wirklich glücklich. Die angebeteten Damen erwiderten sein Werben nicht und auch die verehrten Männer waren eher heterosexueller Orientierung.

H. C. Andersen starb ohne Nachkommen 1875 in Kopenhagen. Den **Trauermarsch** zu seiner Beerdigung hatte er noch kurz vor seinem Tod komponieren lassen. „Die meisten Menschen, die meinem Sarg folgen, werden Kinder sein. Deshalb passe den Takt an kleine Schritte an", gab er dem Komponisten als Arbeitsanweisung mit auf den Weg. Dieser letzte Weg führte ihn auf den **Assistens Kirkegård** ③, wo er in einem umzäunten Grab seine letzte Ruhestätte fand.

zum Glück existiert, von den Erben des Bildhauers an einem geheimen Ort versteckt, noch eine **Originalform** der Meerjungfrau, sodass bei neuerlichen Attacken eine Blaupause für eine Reparatur bereitliegt.

Letztmalig gab es 2010 große Aufregung um die alte Dame. Nach einer emotionalen Diskussion „verreiste" das Wahrzeichen der Stadt für sechs Monate nach China und schmückte dort auf der **Weltausstellung** in Schanghai den dänischen Pavillon. Mit großem Jubel und im Beisein des Kopenhagener Bürgermeisters, des dänischen Wirtschaftsministers und des chinesischen Botschafters sowie Hunderter von Dänen kehrte sie am 20. November 2010 an ihren angestammten Platz zurück und feierte im August 2013 mit großem Tamtam ihren runden Geburtstag.

❯ **Den lille Havfrue**, Langelinie Kai, Buslinie 26, Haltestelle: Indiakaj

Christianshavn, Holmen und Amager

Der Wandel Christianshavns vom Kaufmannsviertel und Militärareal über Industrie-, Arbeiter- und Armenviertel bis hin zu einem exklusiven Wohnviertel vollzog sich über knapp 400 Jahre. Allen historischen Unbilden zum Trotz, ist das Gros der historischen Bauten erhalten geblieben und macht das auf einer Insel gelegene Viertel mit dem Freistaat Christiania im Zentrum bei Einheimischen wie auch Besuchern sehr beliebt. Holmen war lange Zeit durch Industrie und Schiffsbau geprägt und wandelt sich seit Ende der 1990er-Jahre zu einem durchmischten Areal mit der neuen Oper als architektonischem Leuchtturm. Amagers Wohnviertel aus massigen Backsteinbauten stellen eine Zeitreise in die Zeit um 1900 dar. Die Arbeiterwohnungen wurden renoviert und saniert und sind heute bei der Mittelschicht populär.

㉕ Islands Brygge ★★★ [fn]

Wohnen in ehemaligen Soja-Silos, Schwimmen am vormaligen Verladeterminal, Kaffeetrinken im alten Warenhaus: Islands Brygge ist ein Paradebeispiel für die gelungene Transformation eines verfallenen Industriequartiers zu einem lebenswerten, zentral gelegenen Wohnviertel.

Um 1900 begann der rasante Aufstieg des bis dahin weitgehend unbebauten Areals. Die Hafenkapazitäten in Kopenhagen konnten dem anwachsenden Personen- und Güterverkehr nicht mehr Herr werden und neue Pieranlagen wurden dringend benötigt. Durch massive **Erdaufschüttungen** entstand neue Landfläche und Baggerschiffe sorgten vor der entstehenden Kaianlage für tiefes Wasser. Neben **militärischen Einrichtungen** siedelten sich in den ersten Dekaden des 20. Jahrhunderts viele **Industriebetriebe** in dem boomenden Viertel an.

Nach dem Zweiten Weltkrieg ging es mit dem Viertel Stück für Stück abwärts. Besonders in den **1970er-/1980er-Jahren** schlossen viele unrentable Betriebe und der größte existierende Arbeitgeber, die Dänische Sojafabrik, die zeitweise 1200 Beschäftigte auf ihren Lohnlisten führte, beendete seine Aktivitäten hier 1991 und zog fort. Mitte der 1990er-Jahre war der **Tiefpunkt** erreicht, Islands Brygge war zu einem der unattraktivsten Wohnviertel der Stadt verkümmert und verfallene Großsilos und Schornsteine ragten in den Himmel. **Steigende Immobilienpreise** in der Hauptstadt und die **zentrale Lage** des Areals führten dann zu innovativen, mutigen Plänen und zu einer kaum vorauszusehenden **Wiederauferstehung**. Die Industrie-Hinterlassenschaften wurden neu bewertet

▷ *Vom Kajak aus bietet sich eine ganz neue Kopenhagen-Perspektive*

▽ *Aus Alt mach Neu: Wohnhäuser in Islands Brygge*

032kn Abb.: ld

033kn Abb.: mw

und die Stahlbetonkerne der Soja-Silos dienen den Bewohnern heute als Treppenhaus. **Gemini Residence** nennt sich das Vorzeigeprojekt postmoderner Architektur mit viel Stahl und noch mehr Glas. Anderen Wohnkomplexen sieht man die ursprüngliche Verwendung ebenfalls nicht mehr an, aber in Namen wie **Wennbergsiloen** oder **Pressesiloen** lebt die Geschichte fort. Die eisernen Schienen der Hafenbahn, die sich tief in das raue Kopfsteinpflaster des alten Hafens hineingedrückt haben, wurden ebenso erhalten wie viele Backsteinbauten aus der ersten Hälfte des letzten Jahrhunderts. Die **Bevölkerungsentwicklung** rund um den Island-Kai zeigt exemplarisch die Boom- und die Depressionsphasen: 55 offizielle Einwohner im Jahr 1905, 20.000 im Jahr 1931, 6400 im Jahr 1994 und 12.000 im Jahr 2012.

Vom nördlichen Ende des Quartiers, das von der Brücke Langbro gebildet wird, sticht einem sofort das **Havnebade** – das **Meeresschwimmbad Islands Brygge** – ins Auge. An sommerlichen Tagen tummeln sich hier seit 2002 die Hauptstädter und hüpfen vom Sprungturm ins klare Hafenwasser. Fünf Bassins, davon zwei für Kinder mit einer Wassertiefe von 0,3 bzw. 1,2 m, zwei 50 m lange Schwimmbecken und ein Sprungbecken mit Fünfmeterturm stehen dem Besucher zur Verfügung. Und damit niemand zu Schaden kommt, wachen in der Badesaison vom 1. Juni bis 31. August sogar David Hasselhoffs Kollegen über die Wasserratten. Es dürfte nur wenige Großstädte weltweit geben, deren Wasserqualität zum Baden einlädt und die mit einem solch attraktiven Schwimmbad gesegnet sind – also keinesfalls verpassen!

S99 [B7] Havnebad Islands Brygge, Islands Brygge 0, Metro: Islands Brygge, geöffnet: Juni–August, Mo.–Fr. 7–19, Sa.–So. 11–19 Uhr

◁ *Wer mag, findet am Kai von Islands Brygge seinen persönlichen Platz zum Träumen*

O34kn Abb.: ld

Bryggens Spisehus

Zur Stärkung zwischendurch kann man im Bryggens Spisehus einkehren. Hier genießt man leckere Gerichte mit Blick aufs Wasser. Insbesondere das Tagesgericht für unter 100 kr und das Brunch-Buffet am Wochenende (10–14 Uhr) für 139 kr sind zu empfehlen.

Ⓜ100 [fn] Bryggens Spisehus €€, Islands Brygge 18, Metro: Islands Brygge, Tel. 32540082, www.bryggens.dk, geöffnet: Mo.–Mi. 10–23, Do.–Sa. 10–24, So. 10–22 Uhr

Bjarke Ingels Visionen sind BIG

*Das **Meeresschwimmbad Islands Brygge** war eines der ersten umgesetzten Projekte des dänischen Architekten **Bjarke Ingels**. Mit seinem belgischen Kollegen Julien de Smedt hatte er 1999 das Unternehmen **PLOT** gegründet und die beiden machten mit ihren Entwürfen schnell Furore. Als „jung, frisch, unverbraucht" wurden ihre Pläne charakterisiert – kein Wunder: Ingels ist Jahrgang 1974. Andere Architekten benötigen viele Jahre, wenn nicht Jahrzehnte, um sich in der hart umkämpften Szene einen Namen zu machen – Ingels startete sofort nach Ende seines Studiums durch.*

*Seine Entwürfe zeichnen sich durch **freche und visionäre Ideen** aus, die trotzdem keine utopischen Spinnereien darstellen, sondern ganz **pragmatisch** realisiert werden können. Trotz vieler Auszeichnungen und Architekturpreise löste sich PLOT 2006 auf und der Däne nannte sein neues Unternehmen **Bjarke Ingels Group,** kurz und wenig bescheiden: **BIG.** Ob es ein stufenförmiger, auf einem Parkhaus ruhender Wohnkomplex im Kopenhagener Stadtteil Ørestad, der dänische Pavillon bei der EXPO 2010 in Schanghai oder die Vision einer künstlichen, klimaneutralen Insel im Kaspischen Meer vor Baku ist, Bjarke Ingels Motto „Yes is more" scheint über allem zu schweben.*

› *Weitere Infos zu Bjarke Ingels Wirken findet man unter: www.big.dk.*

Integraler Bestandteil des Viertels ist auch das **Kulturhuset.** Konzerte von Jazz bis Indie-Rock, Theater, Kabarett und Tanzveranstaltungen sowie spezielle Kinderveranstaltungen sind im Kalender des K-I-B zu finden. Ausgesprochen beliebt ist das integrierte Café und Restaurant Bryggens Spisehus (s. S. 89). Von der Terrasse aus hat man einen wunderschönen Blick über die Skyline der Stadt.

● **101** [fn] **Kulturhuset Islands Brygge (K-I-B),** Islands Brygge 18, Metro: Islands Brygge, Tel. 82334780, www.k-i-b.dk

Die **Bryggebroen,** eine elegante, 190 m lange, **schneeweiße Brücke,** verbindet die „wiederauferstandenen" Quartiere Islands Brygge und Kalvebod Brygge (mit dem neuen Einkaufszentrum Fisketorvet). Die moderne Wasserquerung – symbolisch für die Verkehrspolitik der Stadt – ist ausschließlich **für Fußgänger** und

Radfahrer errichtet worden. Das 6,5 Millionen Euro teure Bauwerk war bei der Eröffnung 2006 der erste Brückenneubau in Kopenhagen seit 50 Jahren. Heute wird sie täglich von 5000 Radfahrern und Fußgängern genutzt und lädt zu einem beschaulichen Spaziergang über den Kopenhagener Hafen ein.

㉖ Stadtgraben (Stadsgraven) ★ [D7]

Der historische Wassergraben und der sich anschließende Christianshavn-Wall stellten – in mehreren Ausbaustufen – vom frühen 17. Jahrhundert bis 1916 die **östliche Stadtbefestigung** Kopenhagens dar. Seitdem jedoch hat sich das ehemalige Militärareal zu einem der beliebtesten **Stadtparks** gemausert. Radfahrer, Jogger und Spaziergänger bevölkern das ganze Jahr über die Wege rund um die Wasserflächen. Auf den erhöhten Wällen findet man immer ein gemütliches Plätzchen im Grünen, von dem aus man den Blick über die grüne Oase schweifen lassen und mit etwas Glück sogar Fischreiher beobachten kann.

035kn Abb.: ld

㉗ Erlöserkirche ★★ [E6]

Seit über 250 Jahren schraubt sich der vergoldete „Korkenzieherturm" der Erlöserkirche in den dänischen Himmel. Nach 400 Stufen und viermaliger Umrundung des Turms hat man in fast 90 m Höhe den verdienten Ausblick über Stadt und Land.

Es gab **vier erfolglose Bauanläufe**, bis die Erlöserkirche 1696 schließlich eingeweiht wurde und das neue Stadtviertel Christianshavn endlich seine eigene Kirche besaß. Der **charakteristische Turm** wurde erst über 50 Jahre später fertiggestellt. Der ausgesprochen schlammige und weiche Untergrund, finanzielle Engpässe und architektonische Differenzen waren für die lange Bauzeit verantwortlich. Somit ist es auch kein Wunder, dass das Kirchengebäude und der Turm von **zwei unterschiedlichen Architekten** – Lambert van Haven (Kirche) und Lauritz de Thurah (Turm) – konzipiert wurden. Gekrönt wird der Turm von einem **goldenen Globus** und einer **Christusfigur**, die vom Volksmund als die „hässlichste Statue der Stadt" bezeichnet wird. Die Proportionen sind aus der Nähe gesehen absolut misslungen, aber von der Bodenperspektive fällt das nicht auf und war angeblich sogar so gewollt. Selbst in der Weltliteratur taucht der berühmteste Kirchturm der Stadt auf: **Jules Verne**, der die Kirche 1861 besucht hatte, baute ihn in die Handlung von „Die Reise zum Mittelpunkt der Erde" ein. Während der Hauptakteur des Romans, Professor Otto Lidenbrock, auf seine Schiffspassage nach Island wartet, besteigt er mit seinem Neffen den Turm, um die Höhenangst des jungen Mannes zu besiegen.

Im Inneren der weiß getünchten Kirche zieht der **aufwendig gestaltete Altar**, entworfen von Nicodemus Tessin, der auch am Bau des Stockholmer Stadtschlosses mitwirkte, fast alle Blicke auf sich. Die fein gearbeiteten Engelsfiguren, Jesus, der den Krug an sich vorbeiziehen lassen möchte, sowie das Gros des Gesamtaltars sind aus feinstem Marmor gearbeitet. Das **massive Gewicht** sorgte anfangs dafür, dass der Altar im weichen Untergrund zu versinken drohte.

◩ *Schon von Weitem auszumachen: die Erlöserkirche*

Erst erneute Stützungs- und Entwässerungsbemühungen sorgten für die nötige Standfestigkeit.

Anmerkung für mutige Turmbesteiger: Das Geländer im Außenbereich des Turms ist maximal hüfthoch und deutsche TÜV-Prüfer würden sich vor Entsetzen vermutlich direkt vom Turm stürzen. Deshalb sollte man **absolut schwindelfrei sein**, wenn man ganz nach oben möchte!

❯ **Vor Frelsers Kirke,** Sankt Annægade 29, Metro: Christianshavn, Tel. 32546883, www.vorfrelserskirke.dk, Eintritt: frei, Turmbesteigung: Erwachsene 40 kr, Kinder 10 kr, geöffnet: Mitte Juni–Mitte Sept. 10–19, Rest des Jahres 10–16 Uhr (So. ab 10.30, Dez. nur Do.–Sa. 10–16, So. 10.30–16 Uhr). Turm nur im Sommerhalbjahr geöffnet, letzter Aufstieg bis 15 Min. vor Kirchenschließung.

28 Freistaat Christiania ★★★ [F6]

Im September 1971 schnitten Bewohner des Stadtteils Christianshavn ein Loch in den Zaun des angrenzenden, verlassenen Militärgeländes. Sie wollten ihren Kindern damit eine vom Autoverkehr geschützte Spielfläche schaffen. Dass dieses Loch das Startsignal für eine unglaubliche Entwicklung sein sollte, konnte damals niemand ahnen.

Die wenigen militärischen Wachposten waren völlig überfordert, als in den kommenden Wochen und Monaten immer größere Areale des 90.000 m² großen Armeeterritoriums von Nachbarn und Bewohnern okkupiert wurden. **Selbstbestimmung, Antikapitalismus und Anarchismus** waren die Parolen der Besetzer. In einem Depot fanden sie große Mengen an roter und gelber Farbe und die **rote Fahne mit drei gelben Punkten** –

je nach Interpretation stehen sie für die drei „i" in Christiania oder für Liebe, Frieden und Harmonie – wurde schnell zum Symbol des selbst ausgerufenen **Freistaates Christiania.**

Die **Hallen und Kasernen der dänischen Militärs** wurden zweckentfremdet, die neuen Herren (und Damen) von Christiania benötigten schließlich Wohnraum. Die **Wasser- und Stromversorgung** der kommunalen Anbieter wurde wie selbstverständlich **angezapft** und eine Insel der Glückseligen war geboren. **Marihuana** und **Haschisch** konnte man wie Milch und Butter an fast jeder Ecke erstehen, da jedem ein Recht auf Rausch zugestanden wurde. Dieser Anspruch wird de facto bis heute aufrechterhalten, nur härtere Drogen, mit denen es in den vergangenen Jahrzehnten mehrfach zu **Problemen** kam, sind inzwischen aus der Öffentlichkeit verschwunden.

Hippies, Menschen aus sozial schwachen Schichten, Junkies, aber auch Studenten, Intellektuelle oder Querdenker zog diese weitgehend von staatlichen und gesellschaftlichen Regeln und Normen freie Lebensform an. In regelmäßigen Treffen aller Bewohner wurden die **Entscheidungen mehrheitlich abgesegnet** und – eine polizeiliche Ordnungsmacht existiert nicht – wer deutlich oder mehrfach gegen das Gemeinschaftsrecht verstieß, wurde des Freistaates verwiesen. So verwundert es kaum, dass es zwischen **Staatsmacht** und den Christianitern in regelmäßigen Abständen zu teilweise gewalttätigen **Auseinandersetzungen** kam und kommt. Das offizielle Dänemark, insbesondere unter der Ägide konservativer Regierungen, konnte und wollte einen **rechtsfreien Raum** inmitten der Hauptstadt nicht akzep-

tieren. Trotzdem konnten die Christia-
niter ihren Status Quo bis heute weitgehend aufrechterhalten, auch wenn
sie inzwischen wie selbstverständlich
ihre monatlichen **Wasser- und Strom-
rechnungen begleichen.**

2011 verlor man vor dem höchsten dänischen Gericht einen Prozess,
der dem dänischen Staat eindeutig
die **Eigentumsrechte** in Christiania
zusprach. Das letzte Kapitel der ehemaligen Hippiekommune schien geschlagen und eine gewaltsame Räu-
mung war nur noch eine Frage der
Zeit. In letzter Sekunde konnten sich
die Kontrahenten einigen – in der dänischen Öffentlichkeit hat sich seit
den 1970er-Jahren eine große Sym-
pathie für den Freistaat entwickelt –
und für **gut 11 Mio. Euro** sollten aus
Hausbesetzern Hausbesitzer werden.
Umgehend machten sich die **800 permanenten Bewohner** ans Werk, um
die Summe aufzubringen. Da nach einem Aufruf die Spenden von Christia-
nia-Sympathisanten bei Weitem nicht
ausreichten, kamen die Antikapita-
listen auf eine brillante und höchst
selbstironische Idee: Sie legten eine
Christiania-Aktie (mit Werten zwischen 13 und 13.000 €) auf. Obwohl
die Aktie dem Käufer weder Mitspra-
cherecht noch eine Dividende ver-
spricht, wurden 65.000 Papiere verkauft. Die Übergabe der Eigentums-
papiere wurde am 1. Juli 2012 mit
einem großen Konzertabend und vielen Flaschen Christiania-Bier gefeiert!

Während in Reiseführern aus den
1980er-Jahren noch dezidiert vom Besuch des Freistaates abgeraten wurde, ist dies im 21. Jahrhundert nicht
mehr der Fall. Tritt man den Einwohnern mit der gleichen Offenheit gegenüber, die sie Besuchern gegenüber
walten lassen, gibt es keinerlei Probleme. Nur eines sollte man dabei beach-

Café im Freistaat

Mitten im Herzen des Freistaates
findet man das Café Nemoland,
das insbesondere in den warmen
Sommermonaten mit einer riesigen
Außengastronomie lockt. Das Publikum ist dabei ebenso bunt und
gemischt wie das Areal ringsum:
Von schicken Anzugträgern bis hin zu
rastazöpfigen Kiffern reicht das Spektrum der Gäste. Und wo bekommt
man in Kopenhagen sonst schon ein
Bier für nur 25 kr?!

🕙**102** [F6] **Café Nemoland**, Fabrik-
somräde 52, Christiania, Tel.
32958931, www.nemoland.dk,
geöffnet: So.–Do. 11–24, Fr./Sa.
11–3 Uhr

Ein Verkaufsschlager: das Christiania Bike

Seit fast 30 Jahren wird das **bekannteste Produkt des alternativen Frei-
staats** nun hergestellt: das Las-
tenrad, besser bekannt unter dem
Namen Christiania Bike. Anstelle
des Vorderrades hat der Drahtesel
aus Christiania dort eine **Ladefläche,**
die rechts und links von zwei Rädern
getragen wird. Je nach Kunden-
wunsch kann das Dreirad **für diverse
Zwecke gestaltet** werden: Ob als
klassisches **Einkaufsrad** für Bierkiste
und Co oder als Familienmobil mit bis
zu vier Kindersitzplätzen – der Kunde
entscheidet und die Fahrradmanu-
faktur schneidert das Rad dann nach
Maß. Ab 1300 € ist man dabei.

🔒**103** [F6] **Christiania Smedie,**
Mælkevejen 83a, Tel. 32548748,
www.christianiabikes.dk, geöffnet:
Mo.–Fr. 9–17, Sa. 10–14 Uhr

ten: im zentralen Bereich der kleinen Stadt, der sogenannten **Pusher Street**, sollte man tunlichst seine Kamera in der Tasche lassen, denn hier gilt: **Fotografieren verboten**. Wer neugierig auf ungewöhnliche Behausungen und alternative Konzepte ist und wen freilaufende Hunde und die Haschischschwaden, die übers Areal ziehen, nicht stören, der wird nicht enttäuscht werden – wie die jährlich fast eine Million (!) anderen temporären Gäste, die Christiania zu einer der Top-3-Touristenattraktionen der Stadt machen.

> **Christiania**, Metro: Christianshavn

㉙ Oper ★★★ [F4]

Wäre dieses Sprichwort nicht so negativ belegt, könnte „einem geschenkten Gaul schaut man nicht ins Maul" über dem Eingangsportal der Oper stehen. Die Oper wurde dem dänischen Staat nämlich vom Industriemagnaten und Großreeder Arnold Mærsk Mc-Kinney Møller geschenkt.

Ohne die Öffentlichkeit über seine Pläne zu informieren, kaufte Mærsk Mc-Kinney Møller Ende der 1990er-Jahre ein größeres Areal auf der **Insel Holmen**. Genau gegenüber dem Schloss Amalienborg ⑱ und dem Hauptsitz der Mærsk-Reederei wollte der **reichste Mann Dänemarks** ein riesiges Operngebäude errichten. Als die Pläne 2000 verkündet wurden, brach eine gesellschaftspolitische Debatte erster Güte aus. Der Reeder verband das mögliche Geschenk nämlich mit zwei nicht verhandelbaren **Forderungen:** Er selbst würde den **Standort** festlegen und auch die **architektonische Gestaltung** bestimmen. Eine ungewöhnliche Vorgehensweise im demokratischen Dänemark, die von vielen Bürgern als völlig inakzeptabel angesehen wurde. Überzeugt von seiner Idee begann Mærsk Mc-Kinney Møller schon mit den Ausschachtungsarbeiten, bevor das dänische Parlament schlussendlich seine Zustimmung gab. Nach gut **dreijäh-**

riger **Bauzeit** war das Prestigeobjekt des Architekten **Henning Larsen** fertiggestellt und hatte **330 Millionen Euro** gekostet.

Am **15. Januar 2005** wurde die Oper mit einer Galavorstellung und im Beisein der versammelten dänischen Prominenz feierlich eröffnet. Das monumentale Bauwerk verfügt über **41.000 m² Nutzfläche, 14 Stockwerke** (davon fünf unter der Erde) und **zwei Bühnen,** wobei die größere mehr als 1500 Zuschauern Platz bietet. Die aufwendige **Inneneinrichtung** wurde ausschließlich von weltbekannten dänischen bzw. skandinavischen Künstlern wie **Per Kirkeby** oder **Olafur Eliasson,** der die beeindruckenden Kronleuchter im Foyer entwarf, gestaltet.

Der anfänglichen Kritik zum Trotz haben die Kopenhagener die Oper inzwischen angenommen und aus dem „Riesenklotz, der den Blick zum Meer versperrt", wurde ganz liebevoll und mit einer Prise Ironie **Brødristeren** („der Toaster"), da der Volksmund in dem Bauwerk einen auf der Seite liegenden Toaster zu erkennen glaubt.

> **Operaen,** Ekvipagemestervej 10, Wasserbuslinien 991, 992 ab Nordre Toldbod, Tegelholmen oder Nyhavn (bei großen Veranstaltungen verkehren Pendelboote zwischen Nyhavn und der Oper), Buslinie 66, Haltestelle: Operaen, Metro: Christianshavn, Tel. 33696978, www.kglteater.dk, Eintritt: Erwachsene 100 kr, Kinder bis 12 Jahre 50 kr, Führungen auf Englisch nur im Sommer, sonst nur auf Dänisch, Dauer 75 Minuten. Über Termine und Zeiten der Führungen bitte vor Ort informieren, da sie unregelmäßig stattfinden. Veranstaltungskarten wie auch Tickets für die Führungen erhält man an der Theaterkasse in der August Bournonvilles Passage 1 neben dem alten Königlichen Theater **⑮** oder unter www.kglteater.dk.

KURZ & KNAPP

Arnold Mærsk Mc-Kinney Møller

Man kann kaum auf deutschen Autobahnen unterwegs sein, ohne dass man nach wenigen Kilometern einen Lkw mit einem der grauen Container mit der Aufschrift „Maersk" überholt. Diese Container sind im Besitz der **A.P. Møller-Mærsk-Gruppe,** der mit Abstand **größten Container-Reederei der Welt,** die fast 20 % des globalen Containerverkehrs abwickelt.

Ab 1965 wurden die Geschicke der Gesellschaft vom Sohn des Firmengründers gelenkt. Seine Exzellenz **Arnold Mærsk Mc-Kinney Møller** – der Titel wurde ihm mit der Überreichung des Elefantenordens, der höchsten dänischen Auszeichnung, zuteil – steuerte das Firmenkonglomerat bis zu seinem 90. Geburtstag im Jahr 2003. Und auch wenn Herr Møller offiziell alle Posten abtrat, so agierte er bis zu seinem Tod im April 2012 noch als „graue Eminenz" im Hintergrund und engagierte sich mithilfe der **Stiftung** mit dem Bandwurmnamen „A.P. Møller og Hustru Chastine Mc-Kinney Møllers Fond til almene Formaal", deren Kapital auf 13 bis 14 Milliarden Euro geschätzt wird, in vielen Projekten und Bauwerken. Ob es ein neuer Hubschrauberlandeplatz auf dem Dach des Rigshospital, eine Schule für die dänische Minderheit in Südschleswig oder eben eine Oper in Kopenhagen ist – die gut ausgestattete Stiftung des Herrn Møller machts möglich.

◁ *Mächtig erhebt sich die Oper am Ufer des Hafens*

30 Amager Strand ★★★

Innerhalb von acht Minuten kann man vom Stadtzentrum aus mit der Metro den Strand erreichen. Es dürfte weltweit nur wenige Großstädte geben, in denen man so schnell die Straßenschuhe gegen feinen Sand zwischen den Zehen eintauschen kann.

Amager Strand ist nicht nur für die Hauptstädter ein absoluter Besuchermagnet. An warmen Sommertagen pilgern Heerscharen von Sonnenanbetern auf die 2005 fertiggestelle, **künstlich angelegte Insel** direkt vor der Küste Amagers. Ob man **kite- oder windsurfen, schwimmen** oder einfach nur **faul in der Sonne liegen** will – ganz egal, am Amager Strand ist alles möglich. **Beachvolleyballfelder**, eine **Basketballanlage**, ein 200 m langer **Unterwasserpark für Taucher** oder die Möglichkeit, sich ein **Kajak auszuleihen**, runden das Angebotsspektrum ab.

Die Öresundbrücke – ein Jahrhundertbauwerk

*Der Öresund, die **Meerenge zwischen Dänemark und Schweden,** ist schon seit Jahrhunderten eine der meistbefahrenen Wasserstraßen Europas. Für die dänischen Könige stellte die Verbindung zwischen Ostsee und Nordsee eine **lukrative Einnahmequelle** dar, da jedes passierende Schiff eine **Zollabgabe** zu entrichten hatte, die direkt an die dänische Staatskasse ging. Auf beiden Seiten des Sundes wurden **Befestigungsanlagen** wie das imposante **Schloss Kronborg in Helsingør** errichtet, um die Durchfahrt kontrollieren und gegebenenfalls militärisch sperren zu können. Auch wenn die dänische Krone Schonen (Skåne), den östlichen Teil des Reiches, im Jahr 1658 an die erstarkenden Schweden abtreten musste, so verblieb das Recht, den Wegzoll zu erheben, bis 1857 in dänischen Händen.*

*Aber auch **über den Öresund** hinweg - also von Seeland nach Schonen und umgekehrt - bestand ein reger **Personen- und Warenverkehr,** der sowohl mit Segel- wie auch Ruderbooten realisiert wurde. Mit der aufkommenden Industrialisierung ab Mitte des 19. Jahrhunderts übernahmen **Dampfschiffe** diese Aufgabe und insbesondere an der schmalsten Stelle des Sundes, zwischen dem dänischen Helsingør und dem schwedischen Helsingborg, konkurrierten gleich mehrere Reedereien um die Gunst der Passagiere und der Speditionen.*

*Der intensive Verkehr über die Wasserstraße hinweg hatte schon früh visionäre Denker auf den Plan gerufen, die für eine **feste Verbindung zwischen den skandinavischen Nachbarn** plädiert hatten. Technische und/oder finanzielle Probleme, Umweltbedenken und nicht zuletzt politische Streitigkeiten ließen diese frühen Baupläne jedoch immer wieder scheitern. Erst 1991 einigten sich beide Seiten schließlich auf den Bau eines ambitionierten Projekts: Eine insgesamt **fast 16 km lange Tunnel-Brücken-Konstruktion** sollte Dänemark und Schweden verbinden. Von der Kopenhagener Insel Amager aus begann man mit*

Zur **Öresundseite** hin findet man eine Dünenlandschaft, in deren Kuhlen man windgeschützt und relativ ungestört sein Badehandtuch ausbreiten kann. Auf der **dem Land zugewandten Seite** tummeln sich insbesondere Familien mit Kindern, da das Wasser in der Lagune flacher und etwas wärmer ist. Über drei Brücken ist die Insel mit Amager verbunden und an den insgesamt 4,6 Kilometern feinsten Sandstrandes findet jeder sein eigenes Plätzchen. Für das leibliche Wohl sorgen die fünf **Strandstationen**, die Hotdogs, Eis, Cola oder Bier anbieten.

Auch in den **kühleren Monaten** des Jahres ist ein Ausflug zum Amager Strand lohnenswert. Auf den befestigten Wegen kann man wunderschön spazierengehen und sich dabei die Meeresbrise um die Nase wehen lassen.

❯ Metro M2 bis Øresund (nördlichste Haltestelle), Amager Strand (Mitte) oder Femøren (südlichste Haltestelle)

---

*dem Bau eines vier Kilometer langen Tunnels, der mitten im Öresund auf einer künstlichen Insel namens Pepparholm endet und den Übergang zum Kernstück der Verbindung bildet: einer 7845 m langen **Schrägseilbrücke**, die von zwei mächtigen, 204 m hohen Pylonen getragen wird. Das insgesamt ca. **fünf Milliarden Euro teure Bauwerk** wurde im Sommer 2000 von den königlichen Häuptern Dänemarks und Schwedens feierlich eröffnet. Auf der obersten Ebene der Brücke verkehren seitdem auf vier Spuren die **Autos** und **Lkws**, während direkt darunter zwei **Schienenstränge** den Sund kreuzen.*

*Seitdem ist viel passiert und die **Öresundregion**, wie der Großraum Kopenhagen – Malmö seitdem genannt wird, hat sich rasant entwickelt. Wegen der **deutlich niedrigeren Immobilienpreise in Schweden** sind viele Kopenhagener auf die östliche Seite des Sundes gezogen, arbeiten aber weiterhin in der dänischen Hauptstadt. Umgekehrt pendeln viele Schweden täg-*

*lich zur Arbeit nach Dänemark, da das **Gehaltsniveau** dort attraktiver ist. So wundert es kaum, dass 75 % der Brückennutzer **Berufspendler** sind, die die ökonomischen Differenzen der Nachbarländer ausnutzen. Verkehrsforscher warnen deshalb bereits nachdrücklich, dass die Brückenkapazität während des Berufsverkehrs bald erreicht sein wird und man mit Staus auf der Brücke rechnen muss. Die Brückenbetreiber planen deshalb eine **zeitlich gestaffelte Brückenmaut**, um den Verkehr zu entzerren, oder die temporäre Freigabe einer Spur der Gegenfahrbahn – morgens von Schweden nach Dänemark und am Nachmittag umgekehrt –, um dem vorzubeugen. Sollten die Nutzerzahlen (2012: 6,8 Millionen Fahrzeuge und über elf Millionen Zugpassagiere) weiterhin massiv anwachsen, haben die Verkehrsplaner schon eine **neuen Plan** auf ihren Zeichenbrettern: einen Tunnel zwischen Helsingør und Helsingborg und/oder einen Ausbau der Kopenhagener Metro bis nach Malmö!*

Vesterbro, Frederiksberg, Nørrebro und Østerbro

Die drei „Bro-Viertel" und Frederiksberg umschließen das Stadtzentrum vom Westen bis zum Norden. Während Vesterbro aktuell einen rasanten Wandel vom schmuddeligen Rotlichtquartier zum hippen Szeneviertel erlebt, ticken die Uhren im wohlsituierten Frederiksberg etwas gemächlicher, das Bürgertum hat sich hier schon vor Jahrzehnten angesiedelt. Nørrebro ist ein inzwischen klassisches Multikultiviertel mit all seinen Chancen und Problemen, während in Østerbro ein eher gediegenes Ambiente dominiert und sich die gutsituierten Bewohner des Viertels am Samstag im Bio-Café zum Plausch treffen.

🟥 **31** Istedgade ★ [cn]

Pünktlich zum 5. Mai hängt jedes Jahr ein Banner quer über der Straße: „Istedgade overgiver sig aldrig" („Die Istedgade kapituliert nie"). Damit wird an das **Ende der deutschen Besatzung** am 5. Mai 1945 erinnert. Während der fünf Jahre zuvor war das Viertel rund um die Istedgade – traditionell ein sehr sozialdemokratisch bis kommunistisch geprägtes Arbeiterviertel – eines der **Zentren des Widerstands** gegen die deutsche Besatzung gewesen. Der Slogan lebt bis heute fort und wird auch abseits des historischen Kontexts benutzt. Immer dann, wenn es um Widerstand gegen staatliche Institutionen oder – in neuerer Zeit – gegen Immobilienspekulanten und die **drohende Gentrifizierung** des Viertels geht.

Die Istedgade hat ihren Ausgangspunkt am Hauptbahnhof und verläuft dann in südwestlicher Richtung einen Kilometer durch Vesterbro. Wie die meisten Quartiere in Bahnhofsnä-

he war auch die Istedgade über Jahrzehnte eine regelrechte **Schmuddelgegend**, die durch sozialen Abstieg, Drogenmissbrauch und Prostitution gekennzeichnet war. Als 1969 in Dänemark als weltweit erstem Staat die **Pornografie legalisiert** wurde, sprossen Sexshops, Pornokinos und Massagesalons nur so aus dem Boden. Erst in den letzten Jahren ist diesbezüglich ein **Wandel** festzustellen. Die nordwestliche Hälfte der Straße, ungefähr vom Hauptbahnhof bis zum Gasværksvej [dm], wird noch heute von Rotlicht-Geschäftszweigen dominiert. Doch in der südwestlichen Straßenhälfte kann man den **Aufbruch in eine neue Epoche** genau beobachten. **Schick renovierte Backsteingebäude** aus der Zeit um 1900, die die besser verdienenden Schichten anziehen, nette, **multikulturelle Restaurants und Bars,** die definitiv nicht die Kundschaft rund um den Hauptbahnhof ansprechen, oder **kleine trendige Boutiquen** für Fashionistas und Möchtegern-Hipsters zeichnen ein ganz anderes Bild. Somit macht man bei einem 1000 m langen Spaziergang gleichsam einen Schnelldurchlauf durch die Kopenhagener Stadt- und Gesellschaftsgeschichte.
❯ S-Bahn: Hauptbahnhof

🟥 **32** Carlsberg Brauerei ★★ [bn]

„Das vermutlich beste Bier der Welt" – so lautet seit Jahrzehnten der Werbeslogan der viertgrößten Brauerei der Welt. Dabei ist Carlsberg nur der bekannteste Markenname der Kopenhagener Braumeister, denn die deutschen Biere Astra, Holsten oder Hannen-Alt gehören ebenfalls zum Konzern.

EXTRATIPP

Julebryg – das dänische Weihnachtsbier

Den „J-Tag" haben sich viele Dänen rot im Kalender angestrichen. Er fällt immer auf den **ersten Freitag im November** und ist in Biertrinkerkreisen einer der höchsten Feiertage des Landes. Seit 1981 markiert er den Start in eine ganz besondere Vorweihnachtszeit: Der Verkauf des populären **Tuborg-Weihnachtsbieres (Julebryg)** beginnt! Auf den großen Plätzen der Stadt parken dann die blauen, mit Schneeflocken verzierten Lkws und **verkaufen das Bier von der Ladefläche.** Durch die Bars und Kneipen ziehen **Tuborg-Teams** und bringen die frischen Biere direkt zu den durstigen Kunden. Das Julebryg ist ein hellbraunes Bier mit etwas malzig-süßlichem Geschmack und 5,6 % Alkohol. Sehr weise vom Tuborg-Marketing erdacht, dass der zweite Tag der sechswöchigen Verkaufssaison ein Samstag mit Ausschlafgarantie ist ...

J. C. Jacobsen – ausgeschrieben lauten seine Vornamen Jacob Christian, aber die Dänen kürzen gerne ab – gründete 1847 auf **einem Hügel in Valby,** damals ein Vorort von Kopenhagen, eine kleine Brauerei. Wegen der schlechten hygienischen Bedingungen innerhalb der Stadt wählte er diesen etwas abseits gelegenen Ort und benannte die neue Firma nach seinem Sohn Carl und dem „Berg", auf dem die Brauereikessel errichtet wurden. **Hohe Qualitätsstandards,** der **Brauprozess nach deutschem Reinheitsgebot** und ein **eigenes Labor,** das in den 1880er-Jahren sogar eine neue Bierhefe entwickelte – den Hefepilz Saccharomyces carlsbergensis, der bis heute bei der Bierherstellung eingesetzt wird –, sorgten auch jenseits der Landesgrenzen des kleinen Königreichs schnell für große Exporterfolge.

Die **Expansion,** die insbesondere unter der Ägide von Jacobsens Sohn Carl vorangetrieben wurde, machte Carlsberg schon früh zu einem Global Player. Nach der **Übernahme von** einheimischen **Konkurrenten** wie Tuborg (1970) rückten auch vermehrt die Bierproduzenten im Ausland in den Unternehmensfokus. Mit Dependancen auf der ganzen Welt und den Zukäufen gibt es heute weltweit kaum ein Land, in dem der Gerstensaft aus dem Hause Carlsberg nicht getrunken wird: In 150 Ländern ist der Kopenhagener Mutterkonzern direkt oder indirekt vertreten.

Der **Besuch der alten Carlsberg-Brauerei** beginnt am imposanten Eingangstor, das von vier massigen Granitelefanten getragen wird. Während der Führung durch den Komplex erfährt man Wissenswertes zur Geschichte des Bierbrauens und natürlich zum Hause Carlsberg. Ein Besuch in den **Stallungen** der jütländischen Brauereipferde, die bis heute bei Großveranstaltungen die Bierfässer öffentlichkeitswirksam transportieren, und natürlich die finale **Bierverkostung** (im Eintrittspreis sind zwei Biere inkludiert) runden den Besuch ab.

❯ **Carlsberg Bryggeri,** Gamle Carlsberg Vej 11, Buslinien 18, 26, Haltestelle: Bjerregårdsvej, Tel. 33271282, www.visitcarlsberg.dk, Eintritt: Erwachsene 70 kr, Kinder von 6–17 Jahren 50 kr, bis 11 Jahre frei, geöffnet: täglich 10–17 Uhr. Im Eintrittspreis sind zwei Biere bzw. alkoholfreie Getränke eingeschlossen.

🟥 33 Schloss Frederiksberg und Park ★★ [am]

Auch wenn das Schloss selbst – abgesehen von den monatlichen Führungen – nicht von innen besichtigt werden kann, lohnt sich der Besuch definitiv: Der riesige, umgebende Schlosspark ist eine der schönsten Ruheoasen der Hauptstadt.

Anfang des 18. Jh. wurde das Schloss Frederiksberg, benannt nach seinem Bauherrn **Frederik IV.**, im Stile des italienischen Barock errichtet. Bis in die 1850er-Jahre wurde das Bauwerk von den jeweiligen Monarchen als **Sommerresidenz** genutzt und anschließend der **dänischen Armee** übergeben, die es seitdem als **Militärakademie** und **Offiziersschule** nutzt.

Für heutige Besucher stellt die gelbliche Schlossfassade so etwas wie eine schöne, zentral gelegene Dekoration des umwerfenden Schlossparks dar. Der **Park** selbst ist durch den Roskildevej in zwei Teile getrennt: den nördlichen **Frederiksberg Have** und den südlichen **Søndermarken**. Beide zusammen erstrecken sich über ein Areal von 64 Hektar.

Analog zur Architektur des Schlosses wurde auch die Parkanlage im **Barockstil** angelegt. Gerade Linien, akkurate Blumenbeete und Springbrunnen waren in den ersten 100 Jahren des Bestehens die Charakteristika. Der **modische Paradigmenwechsel** setzte um 1800 ein und das englische Vorbild eines **Landschaftsgartens** war – wie in ganz Europa – mit einem Male *très chic*. Eine natürliche Landschaft imitierend wurden künstliche **Wasserwege** und **Seen, offene Rasenflächen** und sich wie zufällig durch den Park schlängelnde Fußwege angelegt. Besondere **Attraktionen** wie Ruinen, antike Tempel oder pittoreske Brücken wurden an exponierten Orten in den Park eingebettet. So kann man noch heute ein **chinesisches Lusthaus,** einen **Wasserfall** und einen **pseudo-historischen Tempel** im Frederiksberg Have bewundern. Oder man macht es im Sommer wie die Einheimischen und breitet die Decke zum gemütlichen Picknick aus.

❯ **Frederiksberg Slot og Have,** Roskildevej 28A, Buslinie 6A, Haltestelle: Zoologisk Have, www.frederiksbergslot-frbslot.dk, Tel. 36132623, geöffnet: Schloss nur im Rahmen von Führungen (jeden letzten Samstag im Monat 11 und 13 Uhr, Juli/Dezember geschlossen), Schlosspark tgl. ab 6 Uhr, im Hochsommer bis 23, im Winter bis 16 Uhr, Führung: Erwachsene (ab 14 Jahren) 50 kr

🟥 34 Zoo Kopenhagen ★★ [am]

Sir Norman Foster hat nicht nur den Berliner Reichstag neu gestaltet oder das berühmte Hochhaus 30 St Mary Axe in London entworfen, sondern auch das Elefantenhaus des Kopenhagener Zoos konzipiert.

Seit über 150 Jahren strömen die Kopenhagener in „ihren" Zoo. Nach dem Vorbild des **Berliner Zoos** wurde 1859 in Dänemark der erste Tierpark eröffnet. Über die Jahre wurden die ausschließlich heimischen Tiere durch immer exotischere ergänzt und die Hühner, Hasen und Füchse bekamen neue Nachbarn aus Afrika, Asien, Südamerika und der Polarregion. Analog zu ihren heimatlichen Gefilden sind die Tiere innerhalb des Zoos auch **nach Kontinenten aufgeteilt.** Seit 2008 ist der Tierpark um eine große Attraktion reicher: Das **Elefantenhaus** beherbergt fünf Dickhäuter und im **Freiluftgehege Savanne** tummeln sich Nashörner, Giraffen und Nilpferde.

Für die kulinarische Versorgung der Gäste sorgen mehrere **Restaurants** und **Kioske**, die durchgehend auf ökologisch produzierte Lebensmittel setzen. Vom 43 m hohen hölzernen **Aussichtsturm** hat man nicht nur einen brillanten Ausblick über das Zooareal, sondern über fast die gesamte Stadt.

Mit jährlich über einer Million Besuchern zählt der Kopenhagener Zoo zu den Topattraktionen des Königreichs und nicht nur die Kinder sind begeistert.

❯ **Zoologisk Have,** Roskildevej 32, Buslinie 6A, Haltestelle: Zoologisk Have, Tel. 72200200, www.zoo.dk, täglich geöffnet: in den Wintermonaten 10–16, in der Übergangszeit 10–17/18 und im Hochsommer 10–20 Uhr, Eintritt: Erwachsene 150 kr, Kinder von 3–11 Jahren 90 kr

㉟ Tycho Brahe Planetarium ⭐ [dm]

Im Planetarium gibt es „richtig was auf die Augen": Für neugierige Sternengucker werden **bis zu 4000 Sterne gleichzeitig** auf die Leinwand projiziert oder Sonne, Mond und Planeten im Orbit visuell erläutert. Eine 1000m² große 180-Grad-Rundpanoramaleinwand dient als Abspielort für die beeindruckenden **IMAX-Filme,** die sogar teilweise in 3D präsentiert werden und die erstklassige Beschallung bringt das Lichtspieltheater zum Vibrieren. Namenspatron des Planetariums ist übrigens der berühmte **dänische Astronom Tycho Brahe,** der sich im 16. Jahrhundert mit modernsten wissenschaftlichen Beobachtungs- und Berechnungsmethoden einen Namen gemacht hat.

Das angeschlossene **Restaurant Cassiopeia** hat zwar deutlich weniger Sterne, ist aber eine kulinarische Empfehlung, die außerdem mit einem tollen Ausblick auf die Wasserfläche des Sankt-Jørgens-See punkten kann.

❯ Gammel Kongevej 10, S-Bahn: Vesterport, Tel. 33121224, www.planetariet.dk, geöffnet: Mo. 11.30–20.30, Di.–Do. 9.30–20.30, Fr. 10.30–20.30, Sa.–So. 9.30–20.30 Uhr, Eintritt: Planetarium inkl. Filmvorführung Erwachsene 144 kr, Kinder bis 12 Jahre 94 kr, ohne Film Erwachsene 89 kr, Kinder bis 12 Jahre 64 kr

㊱ Die drei Seen ⭐ [dk]

Als Wasserspeicher für den Mühlenbetrieb, als Wassergraben der Stadtbefestigung und als Trinkwasserspeicher dienten die drei Seen **Sankt Jørgens Sø, Peblinge Sø und Sortedams Sø** im Westen der Innenstadt über die Jahrhunderte. In neuerer Zeit jedoch – seit 1966 stehen die Seen unter besonderem Schutz – sind sie zu einem **populären Naherholungsgebiet** der Hauptstädter geworden. Jogger und Nordic Walker bevölkern die Uferzone und die 6,3 km lange Umrundung der drei Wasserflächen ist inzwischen schon fast zu einer festen Maßeinheit bei Kopenhagener Freizeitsportlern geworden.

Der hohe Nährstoffgehalt des Wassers führte jedoch immer wieder zu Problemen mit **massivem Algenwachstum** und **Fischsterben.** Kläranlagen und eine erhöhte Zirkulation des Wassers in Kombination mit mechanischer Entfernung der Kanadischen Wasserpest und dem Aussatz von Raubfischen wie Hechten haben seit 2002 die Wasserqualität deutlich erhöht und an sonnigen Tagen kann man vom Ufer wieder den Grund sehen.

③⑦ Assistens Kirkegård ★★★ [cj]

Wenn die Hauptattraktion eines Stadtviertels ein Friedhof ist, spricht dies entweder gegen das Viertel oder für die Begräbnisstätte. Im Quartier Nørrebro ist die Frage schnell beantwortet: Der großflächige Assistens Kirkegård ist Parkanlage, Naherholungsgebiet und eben auch letzte Ruhestätte berühmter und weniger berühmter Dänen.

In urbanen Ballungsräumen war (und ist) der letzte Weg eines jeden Menschen auch immer eine Platzfrage. In Zeiten von engen Innenstädten, zumeist von Mauern und Befestigungsanlagen umgeben, war freie Fläche ein rares Gut. So auch im Kopenhagen der frühen Neuzeit. Eine **Pestepidemie Anfang des 18. Jh.** mit über 20.000 Opfern verschärfte das Problem noch und auf den vorhandenen regulären wie auch provisorischen Friedhöfen mussten die Totengräber besonders tief buddeln: Zeitweise wurden bis zu fünf Totenkisten übereinander gestapelt. Die Geruchsentwicklung war so penetrant, dass die Armee aufgefordert wurde, mit Kanonenschüssen in den betroffenen Gebieten die Luft in Bewegung zu bringen, was jedoch keine Abhilfe schaffte. Immerhin wurden die Verwesungsgerüche temporär vom Pulverdampf überlagert.

Nachdem der Schwarze Tod die Stadt verlassen hatte, nutzte man die ad hoc geschaffenen Friedhöfe innerhalb der Stadtbefestigung noch wenige Jahrzehnte, bis sich die Stadtverwaltung 1760 endlich zu einer großen Lösung durchringen konnte. Außerhalb des nördlichen Stadttores sollte ein riesiges Gräberfeld entstehen, ein ans Französische angelehnter „Assis-tance-Friedhof", also eine **Hilfs- oder Ersatzruhestätte**, was auch den bis heute erhaltenen Namen erklärt.

Anfangs als Grabplatz für die ärmeren Schichten der Bevölkerung gedacht, entwickelte sich der **Assistens Kirkegård** ab 1800 mehr und mehr zu einem **Promi-Friedhof**. Der Philosoph **Søren Kierkegaard**, der Märchendichter **H.C. Andersen** oder der Atomphysiker **Niels Bohr** haben hier ihre letzte Ruhestätte gefunden. Aber auch die Weltgeschichte hat ihre Fußabdrücke in Nørrebro hinterlassen: **Mitglieder des russischen Zarenhofs,** die nach der bolschewistischen Revolution zusammen mit der dänisch-stämmigen Mutter des letzten Romanow-Herrschers nach Dänemark geflüchtet waren, liegen in der **russischen Sektion** begraben. Die ehemalige Zarin Maria Fjodorowna wurde nach ihrem Tode 1928 im Dom zu Roskilde beigesetzt, 2006 exhumiert und fand ihre (vermutlich) finale Ruhestätte in St. Petersburg.

Der Assistens Kirkegård ist eine Mischung aus klassischem Gräberfeld und einer über die Jahrhunderte organisch gewachsenen **Parkanlage**, die durch **uralten Baumbestand** und **die teilweise verwitterten Grabmäler** eine ganz spezielle Atmosphäre ausstrahlt. Dabei schwankt die Stimmung zwischen andächtig-ruhig und fröhlich-ausgelassen, da die Kopenhagener in den Sommermonaten ihre Decken auf dem Areal ausbreiten. Die Würde der Toten wird jedoch gewahrt, da alle auf einen ausreichenden Respektabstand achten.

› Kapelvej 4, Buslinie 5A, Haltestelle: Kapelvej, www.assistens.dk, Tel. 35371917, geöffnet: April–Sept. 7–22, Oktober–März 7–19 Uhr, Eintritt: frei, Führungen März–Oktober So. 14–15.30 Uhr, Erwachsene (ab 12 Jahren) 50 kr

Praktische Reisetipps

005kn Abb.: ld

An- und Rückreise

Mit dem Flugzeug

Insbesondere seit dem Aufkommen der Billigflieger reisen viele Besucher, die Kopenhagen für einige Tage kennenlernen möchten, mit dem Flugzeug an. Schneller und preisgünstiger kann man die nordische Metropole von Mitteleuropa aus nicht erreichen.

Seit 1925 liegt der hauptstädtische Flughafen nur 9 km südlich vom Zentrum entfernt auf der Insel Amager. Offiziell unter dem Namen **Københavns Lufthavn** firmierend wird der Airport von den Einheimischen nur kurz und prägnant **Kastrup** genannt. Mit jährlich über 23 Millionen Flugpassagieren, davon über 21 Millionen internationale Gäste, ist er der größte Flughafen des Nordens und das Hauptdrehkreuz der skandinavischen Airline SAS. Fast alle etablierten europäischen Fluggesellschaften haben Kastrup in ihrem Flugplan und aus dem deutschen Sprachraum steuern Air Berlin, Austrian Airlines, easyJet, Lufthansa, Niki, Norwegian Air, Ryan Air, SAS und Swiss Air die dänische Hauptstadt direkt an.

> ❯ **Flughafen Kastrup:** www.cph.dk

Die preisgünstigste und flotteste Methode, um vom Flughafen in die Stadt zu kommen, ist die **Metro**. Tagsüber verkehrt sie in 4- bis 6-minütigen In-

tervallen und die Fahrzeit bis ins Stadtzentrum beträgt ca. 15 Minuten. In den Nachtstunden fährt alle 15 bis 20 Minuten eine Metro ins Herz der Stadt. Die Metrostation befindet sich am Terminal 3 und die Fahrscheine können am Schalter der DSB, dem dänischen Pendant der Deutschen Bahn, oder an Automaten erstanden werden, die jedoch **nur dänische Münzen oder Kreditkarten** akzeptieren. Der Preis für eine einfache Fahrt beträgt 36 kr (drei Zonen).

Alternativ können auch reguläre **Züge** für den Weg in die Stadt genutzt werden, die aber nicht so häufig verkehren wie die Metros. Der Zugbahnhof befindet sich ebenfalls am Terminal 3 und alle Züge Richtung Innenstadt verkehren ab Gleis 2. Der öffentliche Nahverkehr bietet noch eine dritte Transportmöglichkeit: den **Bus**. Besonders wenn das Ziel etwas abseits der Metro- bzw. Zugtrasse liegt, kann die direkte Busverbindung zeitlich attraktiver sein. Die Linien 5A, 35 und 36 fahren direkt vor dem Internationalen Terminal (Haltestelle: Lufthavn Udenrigs/Kastrup) ab – man sollte sich aber vorher informieren, ob das gewünschte Ziel auch wirklich an der Route liegt.

Die bequemste Art des Weitertransports stellt das **Taxi** dar. Für ca. 200 kr kommt man innerhalb von 15 bis 20 Minuten direkt zu seinem innerstädtischen Ziel.

Mit dem Auto

Die Anreise mit dem Pkw hat den besonderen Reiz, dass man unterwegs noch einiges von der **dänischen Landschaft** zu sehen bekommt oder die Anreise sogar mit einer Minikreuzfahrt kombinieren kann. Von Deutschland aus gibt es **drei Haupt-**

▣ Wer mit dem Zug anreist, kommt am Hauptbahnhof [A6] an

◀ Vorseite: Der malerische Christianshavn-Kanal [E6/F5] durchquert das gleichnamige Stadtviertel

routen, die in Betracht kommen. Die **schnellste und kürzeste Verbindung** führt von Hamburg über Lübeck auf die Insel Fehmarn. Dort fährt man mit dem Auto auf die Fähren der Vogelfluglinie, die Puttgarden (Fehmarn) mit dem dänischen Hafen Rødby (auf der Insel Lolland) verbinden. Die 45-minütige Fahrzeit auf den modernen Fähren kann man angenehm auf dem Sonnendeck oder in der Cafeteria verbringen. Die hervorragend ausgebaute Strecke vom dänischen Anleger bis in die Hauptstadt beträgt 160 Kilometer und kommt man über die **majestätische Farø-Brücke**, die die Inseln Falster und Seeland miteinander verbindet.

Eine **alternative Fährverbindung**, besonders interessant für Anreisen aus dem Osten Deutschlands, stellt die Route Rostock – Gedser dar. Die Fahrzeit auf der Ostsee beträgt 1 Stunde 45 Minuten und ab Gedser sind es dann noch 150 Kilometer bis nach Kopenhagen. Wem der Wasserweg nicht so zusagt, kann auch die Land-Brücken-Verbindung **über das dänische Festland** und die Brücke über den Großen Belt wählen. Die Fahrstrecke ist jedoch länger und auch die Brückenmaut sollte bedacht werden.

Mit dem Bus

Auch per **Linienbus** kann man die dänische Hauptstadt erreichen. Die Fahrten sind ab vielen deutschen Großstädten möglich und pro Weg sollte man 50 € kalkulieren. Mit etwas Glück und einer langfristigen Buchung kann man die Tickets auch günstiger bekommen. Besonders die Verbindung Berlin – Kopenhagen ist sehr attraktiv, da es mehrfach pro Tag Abfahrten gibt. Die Gesamtfahrzeit auf letztgenannter Route beträgt ca. 7,5 Stunden.

> www.touring.de
> www.berlinlinienbus.de

Mit dem Zug

Die Deutsche Bahn bietet in Kooperation mit der dänischen Staatsbahn (DSB) direkte Zugverbindungen **von Hamburg nach Kopenhagen** an. Ohne Umsteigen erreicht man in knapp fünf Stunden den Hauptbahnhof Kopenhagen, da die Züge mit der Fähre über die Ostsee geschippert werden. Eine weitere Verbindung geht über Jütland und dann über die Insel Fünen und die Brücke über den Großen Belt. Dabei muss man in Fredericia umsteigen und die Fahrt dauert knapp sechs Stunden.

Autofahren

Parken

Im Innenstadtbereich gibt es, anders als in Deutschland, kaum größere Parkplätze. Es wird zu 90 % **am Straßenrand geparkt** und kaum ein Däne fährt mit dem Auto in die City. Die wenigen zentralen Parkplätze findet man hier:

▣**104** [B7] **Europark Nykredit**, Kalvebod Brygge 1–3 und 5–7, http://europark.dk/parkering/kalvebod-brygge.htm, Parkgebühr: 15 kr/Stunde

▣**105** [C4] **Parkhaus Gammel Mønt**, Gammel Mønt 1–3, Tel. 41997500, www.jeudan.dk, geöffnet: Mo.–Sa. 6–21 Uhr (das Auto kann aber zu jeder Zeit abgeholt werden!), Parkgebühr: 40 kr/Stunde

▣**106** [A3] **Qpark**, Israels Plads 1, Einfahrt von der Linnésgade, unterirdische Parkgarage, max. Höhe 2,1 m, www.qpark.dk, geöffnet: tägl. 6–24 Uhr, Parkgebühr 30 kr/Stunde

Mietwagen

Wer nicht mit dem eigenen Pkw anreist, aber trotzdem auf ein Auto nicht verzichten möchte, dem bietet sich selbstverständlich die Möglichkeit, einen Pkw zu mieten. Besonders für **Tagesausflüge** ins Umland sind die „eigenen" vier Räder zu empfehlen. Alle großen **Autoverleiher** haben mehrere Filialen in Kopenhagen, zumeist in der Innenstadt und direkt am internationalen Terminal am Flughafen Kastrup.

> www.avis.dk
> www.europcar.com
> www.hertzdk.de
> www.sixt.dk

Verkehr

Grundsätzlich ist das Autofahren – egal ob Miet- oder Privatwagen – in Dänemark deutlich **entspannter** als auf deutschen Straßen. Die Nordlichter lassen ihre Gefährte weniger aggressiv und gemütlicher über den Asphalt rollen. Selbst in der Metropole Kopenhagen geht es ruhiger zu als in deutschen Großstädten mittlerer Größe.

Das **Straßennetz** ist hervorragend ausgebaut und die Nutzung durchgehend gebührenfrei. Ausnahmen bilden nur die Fährverbindungen und die beiden mächtigen Brückenkonstruktionen in west-östlicher Richtung. Für die Große-Belt-Brücke, die die Inseln Fünen und Seeland verbindet, wird eine **Mautgebühr** von 235 kr erhoben und für die Öresundbrücke zwischen Dänemark und Schweden werden 345 kr fällig (jeweils für einen Pkw bis zu 6 m Länge pro Überquerung).

Beim **Falschparken** verstehen die dänischen Ordnungshüter noch weniger Spaß als ihre deutschen Kollegen. Auf entsprechend markierten Flächen zeigen meist Schilder die erlaubte Parkdauer an: 1 time, 2 timer usw. (1 Stunde, 2 Stunden). Entsprechend ist die obligatorische

Besondere Verkehrsregeln in Dänemark

> **Höchstgeschwindigkeit:** innerorts 50 km/h, Landstraße 80 km/h, Autobahn 130 km/h (in Ausnahmefällen teilweise nur 110 km/h)
> **Abblendlicht:** In Dänemark muss immer mit Abblendlicht gefahren werden, auch bei strahlendem Sonnenschein.
> **Anschnallen:** Für alle Fahrzeuginsassen gilt Anschnallpflicht.
> **Promillegrenze:** 0,5 Promille
> **Vorfahrt:** An vielen Kreuzungen oder Straßenmündungen findet man kein regelndes Verkehrszeichen. Hier bitte auf die Fahrbahnmarkierungen achten, da in Dänemark die sogenannten „Haifischzähne" die Vorfahrt regeln: Zeigt die Spitze zum Fahrzeug, muss man Vorfahrt gewähren.

EXTRAINFO

Tanken
Dänische **Tankstellen** funktionieren genau wie ihre Pendants in Mitteleuropa. Nur die Bezeichnungen weichen etwas von den deutschen ab und können leicht verwirren. Einige Tankstellen werden komplett **automatisiert** betrieben. Dort zahlt man per Banknote oder per Kreditkarte und erhält die entsprechende Menge Benzin.
› **Normal bleifrei** = Blyfri 92
› **Super bleifrei** = Blyfri 95
› **Super Plus bleifrei** = Blyfri 98
› **Diesel** = Diesel

Parkscheibe auf die Ankunftszeit einzustellen, wobei die Dänen nur die halbstündlichen Einteilungen erlauben (sprich: zwischen z. B. 9.46 und 10.15 Uhr den Pfeil jeweils auf die volle Stunde – also 10 Uhr – und zwischen 10.16 Uhr und 10.45 Uhr auf „halb" – also 10.30 Uhr – stellen). Oftmals klärt einen auch der **Parkscheinautomat** über den zu entrichtenden Stundensatz auf. Ganz wichtig: Immer mindestens **10 Meter Abstand** zur nächsten Straßenecke einhalten. Alle Verfehlungen schlagen mit mindestes 510 kr (ca. 70 €) zu Buche und können seit 2010 auch in Deutschland gerichtlich eingetrieben werden.

Bei **Pannen** kann man sich unter der Telefonnummer 70102030 direkt an den **Falk Pannen- und Rettungsdienst** wenden oder seinen **Automobilklub** in der Heimat kontaktieren. Bei schwereren Unfällen sollte man die **dänische Notrufnummer 112**, die für Polizei und Krankenwagen gleichermaßen gilt, umgehend wählen.

› **ADAC** (Deutschland): Tel. +49 89222222. Unter Tel. +49 89767676 gibt es auch Adressen von deutschsprachigen Ärzten in der Nähe des Urlaubsortes (Liste auch vorab anforderbar).
› **ÖAMTC** (Österreich): Tel. +43 12512000 oder für medizinische Notfälle Tel. +43 12512020
› **TCS** (Schweiz): Tel. +41 224172220

Barrierefreies Reisen

Die Möglichkeiten für Menschen mit einer Behinderung, sich in Kopenhagen unabhängig zu bewegen, sind besonders im Vergleich zu anderen europäischen Großstädten recht ausgeprägt, wie das Beispiel des **öffentlichen Personennahverkehrs** zeigt: Die Metro und die öffentlichen Busse sind behindertengerecht ausgestattet und die Fahrer helfen gern beim Zusteigen.

Zudem bieten die meisten **Taxis** ausreichend Platz, um einen Rollstuhl mitzuführen. Vorheriges Nachfragen beim jeweiligen Taxiunternehmen ist allerdings sinnvoll. Die meisten **Museen** der Stadt verfügen über eine behindertengerechte Infrastruktur, die **Bürgersteige** sind breit, in einem guten Zustand und vielerorts für Rollstuhlfahrer abgesenkt. Die **Fußgängerampeln** der Stadt geben akustische Signale und sind somit auch für Menschen mit Sehbehinderung geeignet. Jedoch sollten Sehbehinderte (wie auch Normalsichtige!) besonders auf die oft parallel zum Bürgersteig verlaufenden **Radwege** achten: Die Radfahrer der Stadt fahren ausgesprochen flott und haben Vorfahrt.

Auch die meisten Gebäude sind auf die Bedürfnisse Behinderter eingerichtet. Alle **öffentlichen Gebäude** müssen von Gesetzes wegen für

Menschen mit Behinderungen erreichbar sein. Ebenfalls wurde per Gesetz verfügt, dass jedes Gebäude mit mehr als drei Stockwerken einen Aufzug haben muss. **Toiletten** für Rollstuhlfahrer gibt es in vielen Restaurants, Einkaufszentren oder öffentlichen Einrichtungen. Einige Hotels bieten darüber hinaus spezielle Allergikerzimmer an. Generell kann man davon ausgehen, dass man in Unterkünften, Museen und anderen öffentlichen Einrichtungen den speziellen Bedürfnissen körperlich eingeschränkter Menschen gegenüber aufgeschlossen ist.

Vor Antritt der Reise sollte man jedoch auch Kontakt zur einheimischen Behindertenorganisation aufnehmen. Dort erhält man spezielle und detaillierte Informationen und Hilfen von professioneller Seite. Der Dachverband der 32 dänischen Behinderteninitiativen ist unter folgender Adresse erreichbar:

❭ **Danske Handicaporganisationer,** Blekinge Boulevard 2, 2630 Taastrup, Tel. 36751777, www.handicap.dk

Diplomatische Vertretungen

● **107** [C1] **Botschaft der Bundesrepublik Deutschland,** Stockholmsgade 57, S-Bahn: Østerport Station, Tel. 35459900, 40172490 (nur in Notfällen), www.kopenhagen.diplo.de, geöffnet: Mo.–Di. 9–12, Mi. 13–16, Do.–Fr. 9–12 Uhr

▣ *Die Dänen bleiben ihrer Krone treu und die Wechselstuben freuen sich darüber*

● **108 Österreichische Botschaft,** Sølundsvej 1, S-Bahn: Svanemøllen Station, Tel. 39294141, www.bmeia.gv.at/ botschaft/kopenhagen.html, geöffnet: Mo.–Fr. 9.30–12 Uhr

● **109** [E4] **Schweizer Botschaft,** Amaliegade 14, Metro: Kongens Nytorv, Tel. 33141796, www.eda.admin.ch/eda/ de/home/reps/eur/vdnk/afoden.html, geöffnet: Mo.–Fr. 9.30–12.30 Uhr

Elektrizität

Die Elektroanschlüsse machen in Dänemark **keine Probleme:** Bei 220 Volt Netzspannung werden die auch in Deutschland üblichen Steckdosen verwendet. Auf Adapter kann folglich verzichtet werden. Oft haben die Steckdosen jedoch einen Ein-/Ausschalter, den man nicht übersehen sollte!

Geldfragen

Dänemark ist zwar Mitglied der EU, jedoch kein Mitglied in der Währungsunion. Folglich ist die gültige Währung die **Dänische Krone (kr)** und nicht der Euro. Eine Dänische Krone besteht aus 100 Øre. Im Alltag spielt die Untereinheit der Krone jedoch keine nennenswerte Rolle und die kleinste Münze ist das 50-Øre-Stück, weshalb die **Preise immer gerundet** werden.

Trotz des gemeinsamen EU-Binnenmarktes hat sich die **Preisschere zwischen Deutschland und Dänemark** in den letzten Jahren nicht geschlossen. Im Lebensmittelsektor bezahlt man bei den nördlichen Nachbarn durchschnittlich 40 % mehr als in „Tyskland" (Stand 2012). Im Bereich der alkoholischen Getränke muss man

Wechselkurs

Stand: August 2013

1 €	=	7,46 kr
1 SFr	=	6,02 kr
1 kr	=	0,13 € bzw. 0,17 SFr

sogar noch tiefer ins Portemonnaie greifen und mit 50 % mehr kalkulieren. Die Preise bei Dänemarks nordischen Nachbarn sind jedoch diesbezüglich noch höher und während dort Bier, Wein oder hochprozentige Destillate nur in staatlich lizenzierten Läden vertrieben werden, kann man sie in Dänemark ganz normal im Supermark erstehen. Bei modischen **Textilien** und sportlicher Freizeitbekleidung kann man auch als Deutscher oftmals Schnäppchen machen, da in Dänemark mehrfach im Jahr ausgeprägte „Ausverkaufsaktionen", auf Dänisch mit **„udsalg"** gekennzeichnet, lanciert werden.

Wer Bargeld braucht, kann mit seiner **Maestro-(EC-)Karte** und der persönlichen **Geheimnummer** inzwischen auch im kleinsten dänischen Städtchen am *pengeautomat* (Geldautomat) Geld abheben. **Kreditkarten** sind bei den Nordlichtern deutlich populärer als in Deutschland oder Österreich. So findet man praktisch keinen volljährigen Dänen, der nicht mit der Kreditkarte zahlt, und wenn es nur die Packung Kaugummi in der Tankstelle ist. Auch abends wird gern mit dem Plastikgeld bezahlt und so ist es gang und gäbe, dem Barkeeper, bei dem man ein Bier und eine Cola bestellt hat, die Kreditkarte auf die Theke zu legen.

Wer **Euro in Dänische Kronen wechseln** möchte, sucht entweder eine Bank auf oder entscheidet sich für die kleinen **Wechselstuben,** die auch deutlich kundenfreundlichere Öffnungszeiten bieten. Von letzteren findet man im Innenstadtbereich von Kopenhagen diverse, besonders markant sind die gelben Filialen der Forex-Kette (www.forexbank.dk).

●**110** [em] **Forex Hauptbahnhof,** im Hauptbahnhof, Ausgang Richtung Reventlowsgade, Tel. 33112225, geöffnet: tägl. 8–21 Uhr

O38kn Abb.: ld

Kopenhagen preiswert

> *Die **günstigste Stadtrundfahrt** stellt eine Fahrt mit der regulären Buslinie 11A dar. Zum normalen Fahrpreis (z. B. mit der 10er-Klippekort für 15 kr) fahren die gelben Busse quer durchs Stadtzentrum und passieren dabei viele der klassischen Sehenswürdigkeiten. Nur auf den fahrtbegleitenden Kommentar muss man leider (oder zum Glück?!) verzichten.*

> *Feinste Kunst, große Geschichte, tolle Exponate – alles ganz kostenlos: Die Dänische Nationalgalerie ㉒ und das Nationalmuseum (s. S. 41) nehmen grundsätzlich keinen Eintritt und die meisten*

*anderen **Museen** bieten einen Tag in der Woche **kostenlosen Eintritt** (oft mittwochs).*

> ***Hafenrundfahrt** zum kleinen Preis gefällig? Mit den Wasserbussen der Linien 991 (Richtung Süden) und 992 (Richtung Norden), die als reguläre Verkehrsmittel eingesetzt werden, kann man zum Preis einer Einzelfahrt (24 kr oder 15 kr mit der 10er-Karte) von Tegelholmen (Süden) nach Nordre Toldbod (Norden) einmal komplett durch den Hafen fahren. An der nördlichen Endhaltestelle wird man auch schon erwartet: Die Kleine Meerjungfrau ㉔ sitzt dort auf ihrem Stein!*

- ●111 [B3] **Forex Nørreport,** Nørre Voldgade 90, Tel. 33328100, geöffnet: Mo.–Fr. 9–19, Sa. 10–16 Uhr
- ●112 [B5] **Money Exchange,** Vimmelskaftet 47, Tel. 33930418, www.changegroup.com, geöffnet: Mo.–Sa. 8.30–21, So. 9.30–17.30 Uhr

Informationsquellen

Infostellen zu Hause

Das dänische **Fremdenverkehrsamt** hat seinen Hauptsitz für die deutschsprachigen Länder in Hamburg. Das Büro ist für Publikumsverkehr nicht zugänglich, kann aber auf postalischem, telefonischem oder elektronischem Wege kontaktiert werden.

> **Visit Denmark,** Glockengießerwall 2, 20095 Hamburg, Tel. 01805 326463, www.visitdenmark.dk

Infostellen in der Stadt

Die erste Adresse, die von Touristen bei Fragen jeglicher Art angesteuert werden sollte, ist das Touristeninformationszentrum, das sich nur wenige Meter vom Hauptbahnhof entfernt befindet:

- ❶113 [em] Copenhagen Visitor Centre, Vesterbrogade 4A, Tel. 70222442, www.visitcopenhagen.de, geöffnet: Mai–Juni und September Mo.–Sa. 9–18, So. 9–14, Juli–August tägl. 9–19, alle anderen Monate Mo.–Fr. 9–16, Sa. 9–14 Uhr. Das Visitor Centre ist eine Institution, an der sich andere Städte ein Vorbild nehmen könnten. Diverse Infowände, nach inhaltlichen Schwerpunkten sortiert, geben Auskunft über Unterkunft, Transport, Museen, Veranstaltungen, Gastronomie etc. Ergänzt wird das Angebot durch eine Vielzahl an Informationsbroschüren, Flugblättern und Stadtplänen, die man kostenlos mitnehmen kann. Elektronische Medien sind an Touchscreen-Computern zugänglich und wessen Fragen dann noch immer nicht beantwortet sind, der erhält selbstverständlich auch eine persönliche Beratung durch die freundlichen Servicemitarbeiter, die meist auch des Deutschen mächtig sind. Für das persönliche Gespräch sollte man umgehend eine Wartenummer ziehen, damit man möglichst bald zum Schalter gerufen wird.

Informationen über regionale Züge (inkl. S-Bahnen), nationale Fernzüge und internationale Verbindungen erhält man im **DSB Rejsecenter,** das sich im historischen Wartesaal des Hauptbahnhofs befindet.

❶114 [em] **DSB Rejsecenter,** Bernstorffsgade 16–22, Tel. 70131415, www. dsb.dk, geöffnet: Mo.–Fr. 7–20, Sa./ So. 8–18 Uhr. Außerhalb der regulären Öffnungszeiten kann man Fahrscheine an den Fahrkartenautomaten erwerben. Bei verlorenen Gegenständen wendet man sich auch an das Rejsecenter oder erreicht das Fundbüro der Dänischen Staatsbahn ebenfalls unter obiger Telefonnummer.

Eintrittskarten für Theater, Konzerte, Zirkus, Variete oder Sportveranstaltungen erhält man von spezialisierten Ticketgroßhändlern oder bei den jeweiligen Spielstätten, die meist auch noch ihren eigenen Kartenverkauf betreiben.

❯ www.billetnet.dk oder telefonisch unter 70156565 (Mo.–Fr. 10–17 Uhr). Oft werden Veranstaltungstickets auch in den größeren Postfilialen der Stadt vertrieben, da die Dänische Post mit billetnet kooperiert.

❯ www.billetlugen.dk, Tel. 70263267 (werktags 10–17 Uhr). Billetlugen arbeitet mit der großen Elektrokaufhauskette FONA (www.fona.dk) zusammen, wes-

halb in allen FONA-Filialen Eintrittskarten ganz analog erstanden werden können.

Ein guter Anlaufpunkt für Events jeglicher Art ist auch das Billettkontor des Vergnügungsparks Tivoli **❶**.

❯ **Tivolis Billetcenter,** Vesterbrogade 3 (direkt links neben dem Haupteingang), Tel. 33151012, www.tivoli.dk, geöffnet: in der Saison tägl. 10–20 (Fr. bis 23 Uhr), außerhalb der Saison werktags 10–18 Uhr

Kopenhagen im Internet

❯ www.visitcopenhagen.de: Der umfangreiche Internetauftritt des Kopenhagener Fremdenverkehrsamtes ist ein idealer Anlaufpunkt, um aktuelle Ereignisse und Veranstaltungen in der Stadt in Erfahrung zu bringen. Aber auch übergeordnete Kategorien wie „Hotels" oder „Essen" können bei der Reisevorbereitung helfen.

❯ www.kk.dk: Betrieben von der Kommune København, also der Stadtverwaltung, wirkt diese Seite auf den ersten Blick sehr sachlich und nüchtern. Es stehen nicht Sehenswürdigkeiten und Gastronomie im Vordergrund, sondern die größeren Zusammenhänge und die zukünftige Stadtentwicklung. In englischer Sprache werden neuste Nachrichten und Hintergründe präsentiert.

❯ www.copenhagen.com: Englische Seite, die neben Infos zu Sehenswürdigkeiten, Museen und typischen touristischen Interessen auch praktische Tipps von A bis Z gibt. Stringent eingeteilt in Kategorien oder alphabetisch geordnet und somit gut zum Nachschlagen – der Seitenbesucher entscheidet selbst.

❯ www.goethe.de/kopenhagen: Die offizielle Seite des deutschen Goethe-Instituts hat den Fokus auf den deutsch-dänischen Beziehungen. Aktuelle Veranstaltungen und Ausstellungen werden beleuchtet und auf Deutsch besprochen.

> **http://copenhagen.unlike.net:** Auf dieser Seite korrespondiert ein ansprechendes Layout mit ansprechenden Inhalten. Eine moderne Website, die Architektur mit Zeitgeist verbindet oder Nachtleben mit Frühstücksbrunch. Aktuelle Themen und Interviews runden den Auftritt in englischer Sprache ab.

Publikationen und Medien

Informationsbroschüren, Stadtpläne und der aktuelle **Veranstaltungskalender** in gedruckter Form liegen in vielen Hotels, Unterkünften und Lokalen kostenfrei aus. Selbstverständlich sind die Publikationen auch im Copenhagen Visitor Centre (s. S. 110) erhältlich.

Fast alle Museen, Kunst- und Kulturinstitutionen, Veranstaltungsarenen oder Konzerthäuser veröffentlichen regelmäßig ihre Angebote in gedruckter Form. Diese liegen dann jeweils vor Ort aus und der Interessierte kann sich die Faltheftchen kostenfrei mitnehmen. Gleiches gilt für die Angebote benachbarter Kommunen und Städte: Auch diese Printausgaben sind im Visitor Centre erhältlich.

Internet und Internetcafés

Wer auch während seines Kopenhagenaufenthaltes mit dem Rest der Welt verbunden sein möchte, der kann sich in Internetcafés, fast allen Unterkünften und den öffentlichen Bibliotheken ins Internet einwählen. Die meisten Hotels verfügen über ein offenes, **kostenloses WLAN-Netz.** Ist das Netzwerk geschützt, so hilft meist eine kurze Anfrage an der Rezeption und man erhält das Passwort.

In der Stadt selbst ist die drahtlose Verbindung ins Netz ebenfalls problemlos möglich. Insbesondere in der **Innenstadt** finden sich zahlose **Hotspots** und die Router der Cafés, Kneipen und Restaurants senden ihre Signale lustig durch ganz **Kopenhagen.** Auch hier hilft bei verschlüsselten Netzwerken oft ein freundliches Nachfragen bei der Bedienung nach dem entsprechenden Passwort und schon ist man verbunden.

039kn Abb.: cmc/Morten Jerichau

◁ *Einen ruhigen Leseplatz am Wasser findet man überall in der Stadt*

Meine Literatur- und Filmtipps

❯ *Hans Christian Andersen,*
Andersens Märchen, Anaconda
Verlag 2010. Über 100 Märchen des
berühmten Autoren sind in diesem
Band zusammengefasst. Nicht nur
für Kinder!

❯ *Die **Krimis** des in Deutschland*
*relativ unbekannten **Dan Turèll***
wurden bereits verfasst, als die
Erfolgswelle von skandinavischen
Autoren nicht einmal zu erahnen
war. Turèll (1947–1993) schildert
in seinen Büchern das inzwischen
verblichene Kopenhagen der
1970er/1980er-Jahre und verpackt
seine Milieustudien in zwölf
Krimis, in denen ein versoffener
Journalist ohne Namen der
Protagonist ist.

❯ *Peter Høeg und dessen literarischer*
Durchbruch mit „Fräulein Smillas
Gespür für Schnee" versetzen den
Leser ins winterlich kalte Kopen-
hagen. Wenn man sich in Høegs
Schreibstil hineingelesen hat, dann
lässt einen das Buch bis zum Ende
nicht mehr los.

❯ *Ein absolutes Muss für Krimiserien-*
*freunde ist „**Kommissarin Lund***
*– **Das Verbrechen**". Die Kopenha-*
gener Kommissarin Lund ermit-
telt dabei in sehr verwobenen Fäl-
len, die mit abrupten Wendungen
aufwarten und immer einen uner-
warteten Ausgang haben. Die drit-
te und abschließende Staffel, die im
Frühling 2013 auch im ZDF lief, en-
det dabei mehr als spektakulär …

Medizinische Versorgung

Aufgrund europäischer Abkommen sind **EU-Bürger** bei ärztlichen Behandlungen **den Dänen gleichgestellt**, folglich kommen auch sie relativ problemlos in den Genuss des modernen dänischen Gesundheitssystems. Mit der **European Health Insurance Card (EHIC)** können notwendige medizinische Leistungen beim Arzt, Zahnarzt oder im Krankenhaus in Anspruch genommen werden. (Alternativ kann man auch eine provisorische Ersatzbescheinigung, PEB, vorlegen.) Da man nach dem in Dänemark gültigen Recht behandelt wird, muss der Patient die **Behandlungskosten vorstrecken**. Deshalb ist es wichtig, Rechnungen zu sammeln und diese in der Heimat bei seiner Krankenkasse einzureichen. Dasselbe gilt für Bürger aus Nicht-EU-Staaten, also auch Schweizer Staatsbürger.

Da die Abrechnungskriterien zwischen dem heimatlichen und dänischen System durchaus voneinander abweichen können, sollte zur Sicherheit eine **Auslandskrankenversicherung** abgeschlossen werden, die eventuelle Lücken abdeckt. Diese sollte eine **Reiserückholversicherung** enthalten, denn der Krankenrücktransport wird von den gesetzlichen Krankenkassen nicht übernommen. Zusätzliche Informationen liefern die jeweiligen Krankenkassen im Heimatland oder auch die Deutsche Verbindungsstelle für Krankenversicherung Ausland (www.dvka.de). Eine solche Zusatzversicherung ist in Deutschland für wenige Euro pro Jahr erhältlich.

Über Sprachbarrieren muss man sich beim Arztbesuch keine großen Gedanken machen: Vielfach wird man dort auf **englisch- oder sogar deutschsprachige Ärzte** treffen. Sollten doch sprachliche Probleme auftreten, kann man sich an die deutsche Botschaft wenden, die einem hilft, deutschsprachige Mediziner zu finden.

Folgende **Krankenhäuser** haben eine Notaufnahme, die 24 Stunden besetzt ist:

✚ **115** Amager Hospital, Italiensvej 1, Tel. 32343500

✚ **116** Bispebjerg Hospital, Bispebjerg Bakke 23, Tel. 35312373

✚ **117** [ak] Frederiksberg Hospital, Nordre Fasanvej 57, Tel. 38163522

Ein **zahnärztlicher Notdienst** findet sich ganz in der Nähe der Østerport Station:

✚ **118** [D1] Tandlægevagten (zahnärztlicher Notdienst), Oslo Plads 14, Tel. 35380251

Rund um die Uhr geöffnet sind folgende **Apotheken:**

✚ **119** Sønderbro Apotek, Amagerbrogade 158, Tel. 32580140, www.sonderbro.dk

✚ **120** [dm] Steno Apotek, Vesterbrogade 6c, www.183.netapotek.dk, Tel. 33148266

Mit Kindern unterwegs

Nicht erst seit der PISA-Studie weiß man, dass dank einer **weitsichtigen Familienpolitik** in Dänemark (und ganz Skandinavien) offensichtlich anders und vor allem rücksichtsvoller mit Kindern umgegangen wird. Dies wird man als Gast schnell im Alltag bemerken. In jeder noch so kleinen Kommune finden sich beispielsweise eine Schule, ein Kindergarten, gut ausgebaute Sportanlagen und eine Bibliothek. Viele Unterkünfte bieten **familiengerechte Zimmer** an. Der **Personennahverkehr** ist gut mit Kinderwagen zu bewältigen, die fast überall vorzufindenden Aufzüge tun ihr Übriges. In den Zügen gibt es ebenso **Wickelräume** wie in den zahlreichen (öffentlichen) Toiletten. Besucht man mit Kindern **Museen** oder ähnliche Einrichtungen, so werden dort wie selbstverständlich Kinderwagen angeboten. Kindgerechte Multimedia-Einrichtungen oder Führungen eigens für Kinder sind ebenfalls keine Seltenheit. Möchte man Kultur eher ohne den Nachwuchs genießen, so ist dieser in der Obhut der pädagogisch geschulten Mitarbeiter der zahlreichen „Spielzimmer" gut aufgehoben, sogar in den Kirchen findet man spezielle Spielecken für den Nachwuchs.

Außerdem empfiehlt es sich immer, nach Ermäßigungen für Kinder zu fragen: **Preisnachlässe bis hin zu freiem Eintritt** werden in Museen oder bei Veranstaltungen fast in jedem Fall gewährt. Kinder bis 12 Jahre fahren beispielsweise kostenlos Bus, Bahn und Metro. Werden Kindersitze für Mietwagen benötigt, so muss man diese rechtzeitig bei den gängigen Autoverleihern anfragen. In **Gaststätten** gibt es Kindersitze, mitgebrachte Nahrung für Kleinkinder wird dort gerne aufgewärmt.

EXTRAINFO

Ausweis für Kinder

Seit Juni 2012 benötigen auch Kinder von 0 bis 16 Jahren für eine Auslandsreise **eigene Ausweispapiere** (Kinderreisepass/Reisepass) mit einem aktuellen Foto. Einträge im Pass der Eltern sind nicht gültig.

Neben einer **Hafenrundfahrt** sind folgende Attraktionen absolut kindgerecht und können vorbehaltlos empfohlen werden:

🔟 **Amager Strand.** Innenstadtnaher, weißer Sandstrand, der für Groß und Klein geeignet ist. Strandurlaub mitten in der Metropole.

㉑ [B2] **Botanischer Garten.** Schöne Gartenanlage mit dem tropischen Palmenhaus, einem Dschungel im Miniaturformat.

> **Experimentarium** (s. S. 38). Ein spannendes Museum, das die Besucher zum aktiven Mitmachen animiert.

> **Kriegsschiffe auf Holmen** (s. S. 40). Der vormalige Stolz der dänischen Marine ist auch für friedliche Menschen von Interesse.

> **Nationalmuseum** (s. S. 41). Die bewegte dänische Geschichte mit all ihren globalen Facetten der Großmacht-

△ Die vielen Parks der Stadt (hier der Botanische Garten ㉑) sind nicht nur für Kinder Oasen der Ruhe

zeit ist eher für die Älteren interessant, während die Kids sich im angeschlossenen Kindermuseum (Børnenes Museum) sehr gut unterhalten fühlen.

⑨ [B4] **Runder Turm.** Immer im Kreis herum geht es nach oben und kurz bevor man zum Brummkreisel wird, hat man die Aussichtsplattform erreicht und genießt den Ausblick über die Stadt.

❶ [A6] **Tivoli.** Einer der bekanntesten Vergnügungsparks der Welt ist das Kinderparadies par excellence.

EXTRATIPP

Die besten Plätze..

... findet man **in der Metro ganz vorne!** Wer sich einmal wie ein U-Bahn-Fahrer fühlen möchte, sollte sich an der Metrostation im vorderen Wartebereich postieren. Da die Metrozüge **vollautomatisch** von der Zentrale aus gesteuert werden, entfällt die Fahrerkabine. Dort befinden sich zwei Sitzreihen, von denen aus man die Fahrt durch den Tunnel ganz genau beobachten kann.

㉟ [dm] **Tycho Brahe Planetarium.** Sterne und Weltraum, auch für Kinder aufbereitet, sind besonders an verregneten Tagen eine interessante Alternative zum Sightseeing.

㉞ [am] **Zoo Kopenhagen.** Tiere aus aller Herren Länder lassen Kinderherzen höher schlagen.

> **Zoologisches Museum** (s. S. 42). Hier kann man Dinosaurier und pelzige Mammuts bestaunen.

Notfälle

Die dänischen Institutionen, die man in Not- und Ausnahmefällen kontaktieren kann, sind ausgesprochen hilfsbereit, freundlich und fast immer in der Lage, einem auch sprachlich (zumeist auf Englisch, manchmal auch auf Deutsch) unter die Arme zu greifen. Das **Fundbüro** *(hittegodskontor)* der Polizei ist werktags von 10 bis 14 Uhr unter Tel. 38748822 erreichbar.

> Notruf (Polizei, Feuerwehr/Ambulanz): Tel. 112 (in weniger dringenden Fällen kann man die Polizei landesweit unter Tel. 114 erreichen)

●121 [dm] **Københavns Politi/Station City,** Halmtorvet 20, Tel. 33141448, www. politi.dk/Koebenhavn

Bei **Verlust der Maestro-(EC-)** oder der **Kreditkarte** gibt es für Kartensperrungen eine **deutsche Zentralnummer.** Bei diesem **Sperrnotruf** kann man die meisten Debit- und Kreditkarten sperren lassen. Einzelne Institute, wie zurzeit die Postbank und die Valovis Bank (ehem. KarstadtQuelle Bank), nehmen aber nicht am Sperrnotruf teil, daher sollte man vor der Reise klären, ob die eigene Bank diesem Notrufsystem angeschlossen ist.

> **Deutscher Sperrnotruf:** Tel. 01149 116116 oder Tel. 01149 30 40504050

> Unter **www.kartensicherheit.de** gibt es weitere Informationen. Bei Bedarf kann man einen SOS-Infopass mit den wichtigsten Telefonnummern ausdrucken.

In **Österreich** und der **Schweiz** gibt es keine zentrale Sperrnummer. Reisende dieser Länder können sich bei ihrem Kreditinstitut über den zuständigen Sperrnotruf informieren.

Wichtig für alle: Die **Kartennummer** und die **Gültigkeitsdauer** sollte man separat **notieren,** da die Daten bei einer Sperrung abgefragt werden.

Wird der **Reisepass** oder **Personalausweis** im Ausland **gestohlen,** muss man den Verlust bei der örtlichen Polizei melden. Darüber hinaus sollte man sich an die nächste diplomatische Auslandsvertretung (s. S. 108) seines Landes wenden, damit man einen Ersatzausweis ausgestellt bekommt.

Öffnungszeiten

Die vormals sehr strikten und nur bedingt kundenfreundlichen Öffnungszeiten sind in den letzten Jahren liberalisiert worden und können nun flexibler gehandhabt werden. Die **Kernzeiten** sind werktags für gewöhnlich von 10 bis 18 Uhr und am Freitag eine Stunde länger. Samstags sind die Verkaufsstätten von 10 bis 16 Uhr geöffnet und am ersten und letzten Sonntag des Monats kann von 12 bis 16 Uhr eingekauft werden. **Supermärkte** und **Lebensmittelgeschäfte** haben meist erweiterte Öffnungszeiten und kleine **Eckkioske** oder **Bäckereien** dehnen sie ebenfalls von früh morgens bis spät abends aus und öffnen sogar jeden Sonntag.

Öffentliche Institutionen und **Banken** empfangen werktags von 10

bis 16 Uhr ihre Kunden. Nur am wöchentlichen Dienstleistungs-Donnerstag werden die Türen erst um 18 Uhr geschlossen.

Post

Die dänische Post gilt grundsätzlich als **sehr zuverlässig und schnell.** Die **Briefkästen** sind einfach auszumachen, da sie in einem knallroten Farbton lackiert sind. **Briefmarken** für Postkarten kann man an den meisten Kiosken oder den Verkaufsständen erstehen. Das **Porto** für Postkarten und Briefe kostet von Dänemark nach Deutschland, Österreich oder in die Schweiz 12 kr im Priority-Versand. Nach Mitteleuropa dauert die Zustellung dann zwei bis drei Tage. Sparfüchse wählen den Economy-Tarif für 11 kr und müssen sich dafür auf eine sehr gemächliche Überbringung des Postgutes einstellen: Dauer 5 bis 8 Tage.

Das Postamt im Hauptbahnhof hat die kundenfreundlichsten Öffnungszeiten und öffnet sogar am Wochenende seine Tore:

✉**122** [em] **Posthus – Københavns hovedbanegård,** Hovedbanegården (direkt im Hauptbahnhof), Tel. 80207030, www.postdanmark.dk, geöffnet: Mo.–Fr. 8–21, Sa.–So. 10–16 Uhr

Radfahren

Ohne Übertreibung behaupten die sonst sehr bescheidenen Dänen, dass ihre Hauptstadt die **radfahrerfreundlichste Großstadt der Welt** ist. Dem Zweiradverkehr wird grundsätzlich Priorität eingeräumt und der Begriff „Kopenhagenization" hat Einzug in die Sprache der Verkehrsplaner gehalten, wenn es um globale Radkonzepte geht. Folglich sollte man sich auf jeden Fall auf eine Erkundung Kopenhagens per Rad einlassen. Aber nicht ärgern, wenn man selbst auf den breit ausgebauten Radstreifen mal im Zweiradstau steckt. Das ist nämlich aktuell das Luxusproblem Kopenhagens!

Für Besucher der Stadt ist folgendes besonders interessant: Im Sommer 1995 fiel der Startschuss für das weltweit einmalige Experiment „bycyklen". **1000 Fahrräder, über 100 Fahrradständer, private Sponsoren** und viel Mut waren die Eckpunkte des neuartigen Projekts. Das Prinzip der Einkaufwagen im Supermarkt nachahmend – nachdem man eine Münze in den Schlitz gesteckt hat, kann man das Gefährt nutzen –, wurden in der Kopenhagener Innenstadt **kostenlose Leihräder** aufgestellt. Die Räder sind klobige Sonderanfertigungen, deren Teile anderweitig nicht nutzbar sind und die man aufgrund ihres eigenwilligen Designs auch nicht privat fahren könnte, da sie zu auffällig sind. Man steckt eine **20-Kronen-Münze** in den Schließmechanismus und kann dann **unbegrenzt lange** im Innenstadtbereich herumradeln. Hat man sein Ziel erreicht, steuert man eine der vielen Stationen an, legt das Rad an die Kette und bekommt seine Münze zurück.

Nach über 15 Jahren wird das **Leihsystem derzeit überarbeitet:** Topmoderne Fahrräder mit GPS, Touch-Display und Smartphone-App befördern dann die betagten und klobigen „bycycler" der 1990er-Jahre ins Radmuseum. Es werden 60 Radstationen errichtet, die mit insgesamt 1260 Rädern bestückt werden sollen. Bei Erfolg wird das revolutionäre Hightech-System sicherlich zeit-

041kn Abb.: Id

von 75 kr erhält man hier ein Zweirad (Pfand 300 kr). Moderne Hightech-Räder sind entsprechend teurer.

● **125** [B4] **Pedal Atleten,** Gråbrødre Torv 16, Tel. 33112865, www.pedalatleten.dk, geöffnet: Mo.–Fr. 8–18, Sa. 10–15 Uhr. Die Pedal Atleten haben inzwischen vier Filialen im Stadtgebiet. Hier, in der Zentrale, kann man Räder ab 85 kr (plus 500 kr Pfand) für 24 Stunden mieten.

Schwule und Lesben

Dänemark gilt traditionell seit Jahrzehnten als ein **Hort der Toleranz und Liberalität,** auch wenn es im letzten Jahrzehnt unter wechselnden konservativen Regierungen eher in die **gegenläufige Richtung** ging. Bereits 1933 wurde Homosexualität legalisiert und als weltweit erstes Land verabschiedete Dänemark 1989 ein Gesetz zu **eingetragenen Lebenspartnerschaften.** Personen des öffentlichen Lebens stehen seit vielen Jahren offen zu ihrer sexuellen Neigung und somit war es auch nie ein mediales Thema, ob ein Außenminister schwul oder eine TV-Moderatorin lesbisch ist.

Kopenhagen ist Zentrum dieses toleranten Landes und somit konzentriert sich auch hier das homosexuelle Leben. In **Bars, Kneipen** und **Nachtklubs** wird offen die gleichgeschlechtliche Liebe zelebriert. Die Szene ist jedoch sehr beweglich und

nah von anderen Metropolen kopiert. **Informationen zum aktuellen Stand** der Radrevolution findet man unter http://gobike.com.

Viele Hotels bieten ihren Gästen aber auch **Leihräder** an. Dann kann man direkt vom Hotel aus starten und spart sich den Weg zur Verleihstelle.

Folgende, reguläre Radverleiher sorgen ebenfalls für einen zweirädrigen Untersatz:

● **123** [el] **Baisikeli Bike Rental,** Turesensgade 10, Tel. 53710229, www.cph-bike-rental.dk, geöffnet: April–November tägl. 10–16 Uhr. So schnell lernt man Swahili: Der Name des Radverleihs stammt aus Afrika, da jährlich 1200 Fahrräder im Rahmen eines Entwicklungshilfeprojekts zum schwarzen Kontinent verschifft werden. Die Ausleihpreise beginnen bei 50 kr für den sechsstündigen Verleih eines einfachen Rades.

● **124** [A3] **Københavns Cykelbørs,** Gothersgade 157, www.cykelborsen.dk, Tel. 33140717, geöffnet: werktags 9–17.30, Sa. 10–13.30, Juni–August auch So. 10–13.30 Uhr. Zum Tagessatz

△ *Grüne Welle für Radfahrer – aber nur dann, wenn man nicht schneller als 20 km/h fährt*

▷ *Leben und leben lassen: die Dänen sind sehr tolerant*

unterliegt einem ungemein schnellen Wandel: Was heute hip ist, kann morgen schon wieder „kalter Kaffee" sein. Unter **www.outandabout. dk** (auch auf Englisch) kann man sich über die aktuell angesagten Adressen und Partys infomieren. Als „Institutionen" unter der Regenbogenfahne sind aber folgende zu empfehlen:

❶**126** [bm] **Café Intime,** Allégade 25, Tel. 38341958, www.cafeintime.dk, geöffnet: tägl. 18–2 Uhr. Schon in den 1920er-Jahren trafen sich hier Künstler, Musiker und andere Kreative: Die abgetrennten Separees ermöglichten schon damals ein ungestörtes Zusammensein. Hobbysänger und -musiker können hier jeden Mittwoch auf der Bühne ihr Talent zeigen. Das Publikum besteht vornehmlich aus gleichgeschlechtlich orientierten Männern und Frauen, aber auch Heteros sind willkommen.

❶**127** [B5] **Centralhjørnet,** Kattesundet 18, www.centralhjornet.dk, Tel. 33118549, geöffnet: So.–Do. 12–2, Fr./Sa. 12–3 Uhr. Seit Jahrzehnten stellt die „Zentralecke" einen der abendlichen Anlaufpunkte des schwulen Kopenhagen dar.

Ohne Pomp und mit einer schlichten Inneneinrichtung, regelmäßigen Live-Auftritten und fairen Getränkepreisen hat die Bar ein festes Stammpublikum.

❶**128** [B5] **Club Christopher,** Knabrostræde 3, Tel. 60807116, geöffnet: Fr. 24–5, Sa. 23–5 Uhr. Der Name wurde in Anlehnung an die Ereignisse in der Christopher Street in New York 1969 gewählt – hier brennt am Wochenende die Tanzfläche und Schwule und Lesben amüsieren sich ausgelassen.

❶**129** [B5] **Oscar Bar – Cafe,** Rådhuspladsen 77, www.oscarbarcafe.dk, Tel. 33120999, geöffnet: So.–Do. 11–23, Fr./Sa. 11–2 Uhr. Kleine Mahlzeiten und kühle Biere locken an allen Wochentagen homosexuelle Gäste aus aller Welt in die kleine, gemütliche Eckbar in der Nähe des Rathauses.

❶**130** [dm] **Vela Gay Club,** Viktoriagade 2-4, Tel. 33313419, www.velagayclub. dk, geöffnet: Mi. 21–24, Do. 21–4, Fr.– Sa. 21–5 Uhr. Einer der ganz seltenen reinen Lesbenklubs der Stadt serviert an vier Tagen die Woche die berühmten „Pussytails" und kann durchaus als eine „orientalische Homo-Perle" charakterisiert werden.

Sicherheit

Dänemark ist insgesamt betrachtet ein **sehr sicheres Reiseland.** Die Wahrscheinlichkeit, Opfer eines Verbrechens zu werden, ist minimal, wenn man sich an gewisse, in allen Großstädten gültige **Grundregeln** hält. Das Gros aller in Dänemark begangenen Straftaten fällt unter die Rubriken „Schwere Verkehrsdelikte" (oft unter Alkoholeinfluss) und „Eigentumsdelikte". Letztere sind auch die Hauptgefahr für Touristen. Plätze und Orte, an denen sich viele Menschen tummeln, sind automatisch ein

042kn Abb.: cmc/Ty Stange

bevorzugtes Jagdrevier für **Taschendiebe**, wobei insbesondere der Kopenhagener Hauptbahnhof ein risikoreiches Pflaster darstellt. Dort sollte man besondere Vorsicht walten lassen, aber auch sonst immer aufmerksam auf seine persönlichen Habseligkeiten achten. Falls man dennoch Opfer eines Diebstahls wird, sollte man sich umgehend an die **Polizei** wenden (s. S. 116).

Sprache

Was **Fremdsprachen** angeht, sind die Kopenhagener und auch die meisten anderen Dänen eine Klasse für sich. Neben dem intensiven Fremdsprachenunterricht, der bereits in frühester Kindheit beginnt, und der Tatsache, dass Filme in Dänemark nicht synchronisiert werden, kommt auch noch das kosmopolitische Element hinzu. Kopenhagen hat weitverzweigte internationale Verbindungen und durch den Hafen kamen und kommen alljährlich viele nicht Dänisch sprechende Personen in die Metropole. Und mit denen muss man sich ja schließlich auch unterhalten bzw. mit ihnen Geschäfte machen können.

Mit **Englisch** kommt man in 90 % aller Situationen weiter, aber häufig klappt es auch auf **Deutsch**, da dies meist die zweite (oder dritte) Fremdsprache der Dänen ist. Wer nun noch einige Worte oder sogar Sätze auf **Dänisch** beisteuern kann, der wird mit größtem Wohlwollen betrachtet und sicherlich ob seiner „brillanten" Dänischkenntnisse von den Muttersprachlern hoch gelobt werden. Erste Gehversuche – um die Komplimente der Dänen zu „provozieren" – kann man mit der „Kleinen Sprachhilfe" im Anhang tätigen (s. S. 130).

Wer sich intensiver mit dem Dänischen beschäftigen möchte, dem sei der Sprachführer „**Dänisch – Wort für Wort**" empfohlen, der in der Kauderwelsch-Reihe des Reise Know-How Verlags erschienen ist.

Stadttouren

In Kopenhagen gibt es eine Vielzahl an organisierten Stadtführungen und Rundfahrten. Ob per Rad, per Bus, per Boot, per Kajak, per Segway oder per pedes – das sollte man sich vorher überlegen.

Mit dem Bus

Die bunten **Hop-On-Hop-Off-Busse** sind im Kopenhagener Stadtbild allgegenwärtig. In der Hochsaison fahren die Busse zwischen 9.30 und 16.30 Uhr im Halbstundentakt und im Winter immerhin noch vier Mal täglich. Es gibt **zwei unterschiedliche Fahrtrouten**. Die **Tickets**, die beim Fahrer an allen 26 Haltestellen erstanden werden können, kosten zwischen 175 kr (eine Route) und 195 kr (Mermaid- und Carlsberg-Tour) und sind 24 Stunden lang gültig. Egal welche Route man auch wählt, am Rathausplatz ❸ kommen alle Busse vorbei und man kann problemlos zusteigen. Im Preis inbegriffen ist eine **Audioführung** in acht Sprachen.
❯ www.sightseeing.dk

Zu Fuß

● **131** [E6] **Christiania Rundvisning**, Christiania, Sydområdet 4, 2. Etage, Tel. 21853878, www.rundvisergruppen.dk. Wer etwas über die Hintergründe, den Alltag und den alternativen Freistaat an sich erfahren möchte, der kann hier individuelle Führungen (250 kr, bis sieben Personen) buchen.

> **Copenhagen Walks,** Tel. 60434826, www.copenhagenwalks.com. Auf den Spuren von H. C. Andersen, eine Schlössertour und andere Spaziergänge stehen hier auf dem Programm. Startpunkt ist meist um 10.30 Uhr vor dem **Copenhagen Visitor Centre** (s. S. 110). Nur auf Englisch, ab 100 kr p. P.

> **History Tours,** Tel. 28494435, www.historytours.dk. Der Name verrät bereits alles: Der Historiker Christian Holm Donatzky veranstaltet Spaziergänge durch die Jahrhunderte der Kopenhagener Stadtgeschichte. Von April bis September beginnen die Führungen jeden Samstag um 10 Uhr am Højbro Plads [C5] (am Denkmal des Bischofs Absalon). Die 90-minütigen Spaziergänge kosten pro Person 80 kr und werden auf Englisch abgehalten. Um sicher zu gehen, dass die Führung auch wirklich stattfindet, am besten einmal kurz anrufen.

> **New Copenhagen Tours,** www.newcopenhagentours.com. Das Konzept von kostenlosen, geführten Touren – die Guides erhalten nur das mögliche Trinkgeld – hat sich in den letzten Jahren weltweit etabliert: Täglich um 11 Uhr versammeln sich die Interessierten direkt vor dem Kopenhagener Rathaus ❸ und begeben sich anschließend auf die dreistündige Tour. Auch wenn es kostenlos ist: Die Onlinebuchung ist Pflicht.

> **Gadens stemmer („Stimmen der Straße"),** www.udsatsen.dk, Tel. 21848309, 120 kr p. P. Ehemalige Obdachlose leiten diese besondere Stadtwanderung. Statt royalem Glanz stehen hier Hinterhöfe, provisorische Nachtlager und Armenspeisungen auf dem Programm. Harter Tobak, aber eine Möglichkeit, den aus der Gesellschaft Verstoßenen eine Stimme zu geben. Teilweise sind Führungen auch auf Englisch möglich, bitte vorher informieren.

> **Running Tours Copenhagen,** Tel. 50869504, www.runningtours.dk. Kopenhagen auf die sportliche Art erlaufen und Gleichgesinnte kennenlernen ist die Idee, die hinter diesem Konzept steckt. Stadtführung im Joggingtempo, natürlich mit kurzen Fotostopps – aber dann geht es auch schon schnell weiter. Ab 50 €, Dauer ca. 90 Minuten, auf Englisch.

Mit dem Fahrrad

● **132** [e1] **Bike Mike Tours,** Turesensgade 10, www.bikecopenhagenwithmike.dk, Tel. 26395688. Sein richtiger Name ist Michael Sommerville, aber als Bike Mike ist er eine Kopenhagener Institution auf zwei Rädern. Nachdem er die halbe Welt per Drahtesel erkundet hat, leitet er nun Radtouren durch seine Heimatstadt, mit einem sehr persönlichen Touch! Touren auf Englisch ab 290 kr inkl. Radmiete.

> **Biking Copenhagen,** Tel. 29899373, www.bikingcopenhagen.com. Diverse geführte Radtouren, die von historischen Innenstadtführungen bis hin zu 90 km langen Überlandtouren reichen. Preise ab 180 kr (ohne eigenes Rad zzgl. 70 kr).

● **133 Copenhagen Rickshaw,** Vermundsgade 21, Tel. 35430122, www.rickshaw.dk. Im Kopenhagener Stadtbild sind sie kaum noch wegzudenken: die über 80 Fahrrad-Rikschas, die kunterbunt mit Reklame beklebt sind. Wer zu bequem zum Selberstrampeln ist, der kann sich ganz klimaneutral chauffieren lassen und erfährt dabei noch so einiges über Land und Leute. Zu finden sind sie an den touristischen Hotspots der Stadt.

Per Segway

● **134** [C4] **Segway Tours,** Nils Hemmingsens Gade 20, Tel. 23959932, www.segwaytours.dk. Die berühmtesten Elektrozweiräder der Welt sind die Grundlage dieser Stadtrundfahrten. Die Sehenswürdigkeiten der Stadt vom Segway aus zu betrachten, kostet ab 350 kr und beinhaltet Segway, Sicherheitsausrüstung und natürlich die Führung per Guide.

- **135** [B5] **Tours Cph**, Løngangstræde 19, Tel. 22356286, www.tourscph.com. Eine zweistündige Stadtrundfahrt mit dem Segway kostet 495 kr und sollte vorher angemeldet werden. Helm, Einführungstraining und das Elektrogefährt sind im Preis inkludiert.

Mit dem Kajak

- **136** **Kajak Ole**, Havkajakvej 8, Amager, Tel. 40504006, www.kajakole.com. Auch wenn sich die Basis von Kajak Ole am Amager Strand befindet, kann man hier (auch telefonisch oder online) Touren buchen, um individuell oder in geführten Gruppen die Kanäle der Stadt zu durchpaddeln. Preise von 295 kr für die Christianshavn-Tour inkl. Kaffeepause bis hin zu 1600 kr für den Individuallehrgang „Eskimorolle".

Hafenrundfahrten

Was liegt näher als eine Hafenstadt auch einmal in Ruhe vom Wasser aus zu besichtigen?! Die **offenen Boote** der Hafenrundfahrt sind dabei ausgesprochen niedrig und passen somit auch unter den **flachsten Brücken** hindurch. Innerhalb von 60 Minuten erhält man einen wunderschönen Überblick über die in der Nähe das Hafens gelegenen Viertel, sieht knapp zwei Dutzend Sehenswürdigkeiten – selbstverständlich ist auch die Kleine Meerjungfrau dabei – und erhält dabei Erklärungen, in der Hochsaison auch auf Deutsch. Die Erläuterungen werden von geschulten Guides live vorgetragen. Denn nichts ist einschläfernder als eine monotone Stimme vom Band. Auch im Winter muss man auf dieses Erlebnis nicht verzichten, da dann nur geschlossene und beheizbare Schiffe eingesetzt werden. Nur in ganz kalten Wintern wird der Verkehr eingestellt. Die Ab-

043kn Abb.: ld

bzw. Anlegestationen befinden sich am Nyhavn (Canal Tours & Netto-Bådene) und am Gammel Strand (Canal Tours) bzw. an der Holmens Kirke gegenüber der Börse (Netto-Bådene).

- ●**137** [D4] **DFDS Canal Tours**, Nyhavn 3, und:
- ●**138** [C5] **DFDS Canal Tours**, Gammel Strand 26, Tel. 32963000, www. canaltours.dk, im Sommer bis zu vier Mal pro Stunde, im Winter fünf Fahrten pro Tag (Fahrzeit 60 Min.), Fahrpreis: Erwachsene 75 kr, Kinder zwischen 6–11 Jahren 35 kr.
- ●**139** [C5] **Netto-Bådene**, Holmens Kirke, Tel. 32544102, im Sommer diverse tägliche Abfahrten, im Winter geht es vier Mal pro Tag durch den Hafen und die Kanäle (www.havnerundfart.dk, Fahrzeit 60 Min., hier alle Fahrten dreisprachig auf Dänisch, Englisch und Deutsch!), Fahrpreis: Erwachsene 40, Kinder 15 kr.
- ●**140** [D4] **Netto-Bådene**, Nyhavn. Zweiter Anleger von Netto-Bådene.

Telefonieren

Wie inzwischen in allen modernen Staaten der Welt gibt es auch in Dänemark kaum noch jemanden ohne Handy und das Telefonieren im öffentlichen Raum gehört zum Stadtbild. Die mobile Telefonie hat jedoch auch dazu geführt, dass **Telefonzellen in Kopenhagen rar gesät** sind. Gehört man zu den glücklichen Entdeckern einer solchen, kann man mit einer entsprechenden **Telefonkarte**, die man bei Postämtern, Hotels oder Kiosken erstehen kann, sofort lostelefonieren. Oft sind die Telefone auch

◁ *Die Hafenrundfahrten mit mehrsprachigen Erläuterungen sind jede einzelne Krone wert*

Ländervorwahlen

- ❯ **Dänemark:** Tel. 0045
- ❯ **Deutschland:** Tel. 0049
- ❯ **Österreich:** Tel. 0043
- ❯ **Schweiz:** Tel. 0041

für den Münz- oder Kreditkartengebrauch ausgelegt.

Bei nationalen Gesprächen innerhalb Dänemarks, egal ob zu Handys oder Festnetzanschlüssen, wählt man einfach die achtstellige Rufnummer **ohne** weitere Vorwahlnummern – im Königreich Dänemark gibt es solche nämlich nicht!

Unterkunft

Kopenhagen ist **kein günstiges Pflaster,** trotzdem kann man bei der richtigen Hotelauswahl einige Hundert Kronen sparen, wenn man nicht im 4- oder 5-Sterne-Hotel nächtigen möchte. Viele Unterkünfte bieten auch – insbesondere in den Sommermonaten – **Spezialangebote** an wie kostenlose Zimmerupgrades oder drei Übernachtungen zum Preis von zwei. Grundsätzlich sind die Zimmer

Preiskategorien

Die Preiskategorien beziehen sich auf eine Nacht im Doppelzimmer für zwei Personen.

€	bis 500 kr (ca. 65 €)
€€	500–1000 kr (65–135 €)
€€€	über 1000 kr (über 135 €)

im Norden deutlich kleiner, als man es aus Mittel- oder Südeuropa kennt.

Der Schwerpunkt der hier aufgeführten Hotelauswahl sind Unterkünfte, die ein gutes Preis-Leistungs-Verhältnis bieten und sich im Innenstadtbereich befinden. Die fußläufige Erreichbarkeit der Hauptattraktionen ist für die meisten Besucher schließlich das A und O einer Städtereise.

Hotels

🏠 **141** [dm] **Absalon Hotel** €€, Helgolandsgade 15, 200 m vom Hauptbahnhof entfernt, www.absalon-hotel.dk, Tel. 33242211. Wer sich an der etwas „rauen" Umgebung hinter dem Hauptbahnhof nicht stört, der wohnt hier zu einem günstigen Preis mitten in der City. Für die Preisklasse relativ großzügige Zimmer, teilweise noch im Stil der 1980er-Jahre, sehr sauber. Ein aufwendiges Frühstücksbuffet ist im Zimmerpreis eingeschlossen und sehr lohnenswert. Im angeschlossenen **Absalon Annex** kann man nochmals Geld sparen, da die Zimmer 200 bis 300 kr günstiger sind, dafür liegen die Dusche und das WC aber auf dem Gang.

🏠 **142** [A7] **Cabinn City** €€, Mitchellsgade 14, Tel. 33461616, www.cabinn.com. Diese Herberge der Cabinn-Kette ist sehr zentral gelegen und besonders für Zugreisende perfekt. Für die 250 m bis zum Hauptbahnhof kann man sich das Taxigeld sparen. Einfache, kleine Zimmer, die jedoch alle Bad, WC und TV vorweisen können. Der Internetzugang ist ebenso kostenlos wie die nette Aufmerksamkeit in jedem Zimmer: Wasserkocher plus Kaffee/Tee. Frühstück kostet extra.

▷ *Einige Zimmer im Danhostel Copenhagen City bieten eine atemberaubende Aussicht*

🏠 **143** [E5] **Hotel Bethel Sømandshjem** €€, Nyhavn 22, Metro: Kongens Nytorv, Tel. 33130370, www.hotel-bethel. dk. Näher am Touristenmagnet Nyhavn kann man nicht residieren: Einige Zimmer haben sogar Blick auf den schönen Kanal. Die ehemalige Unterkunft für Seemänner befindet sich in einem markanten Eckgebäude aus Backstein. Kaffee, Tee und Internetzugang sind für Hotelgäste kostenlos.

🏠 **144** [D5] **Hotel Maritime** €€€, Peder Skrams Gade 19, Metro: Kongens Nytorv, www.hotel-maritime.dk, Tel. 33134882. Solides Cityhotel, das in Steinwurfweite von Nyhavn liegt. Freundliches und hilfsbereites Personal, das bei Extrawünschen gerne weiterhilft, die bequemen Betten und die ruhige Lage machen das Maritime zu einem guten Tipp. Zimmerpreise inkl. Frühstücksbuffet.

🏠 **145** [A3] **Hotel Windsor** €€, Frederiksborggade 30, S-Bahn oder Metro: Nørreport, www.hotelwindsor.dk, Tel. 33110830. Ausgesprochen preiswertes Hotel, bei dem man keine weiteren Kosten einkalkulieren muss, da WLAN und Frühstück bereits im Preis eingeschlossen sind. Kleine, gemütliche Zimmer im nordischen Design mit Waschbecken im Zimmer, Dusche und WC befinden sich aber auf dem Gang.

🏠 **146** [A3] **Ibsens Hotel** €€, Vendersgade 23, Metro: Nørreport, Buslinie 40A, Tel. 33131913, www.brochner-hotels.dk. Typisches skandinavisches Stadthotel in der Nähe der Nørreport Station, aber trotzdem sehr ruhig, da es in einer Seitenstraße liegt. Attraktiv sind die XL-Zimmer mit charmanter Dachschräge. Die Frühstücksoption ist relativ teuer, deshalb sollte man in Betracht ziehen, außerhalb zu frühstücken. Internetzugang kostenlos.

🏠 **147** [dm] **Omena Hotel** €€, Colbjørnsensgade 5–11, 200 m vom Hauptbahnhof

entfernt, www.omenahotels.com. Ein ungewöhnliches Konzept haben sich die finnischen Betreiber der Omena-Kette da ausgedacht: komplett ohne Rezeptionspersonal und Zimmerreinigung frühestens nach dem fünften Tag. Man bucht online und erhält umgehend seinen Zimmercode, der einem alle Türen öffnet. Moderne Zimmer, in denen bis zu vier Personen nächtigen können. Preislich kaum zu schlagen, da auch der Internetzugang inkludiert ist.

148 [A5] **The Square** €€€, Rådhuspladsen 14, www.thesquarecopenhagen.com, Tel. 33381200. Modern, ein wenig in Richtung Boutiquehotel tendierend und genau am Rathausplatz gelegen. Unbedingt auf der Homepage nach „special offers" schauen, da häufig besondere Aktionen laufen und die Zimmer dann günstiger vermietet werden. Der Frühstücksraum im 6. Stock hat sogar einen Balkon und einen Blick auf das bunte Treiben im Herzen der Stadt.

149 [en] **Wakeup Hotel Copenhagen** €€, Carsten Niebuhrs Gade 11, 700 m vom Hauptbahnhof entfernt, Tel. 44800000,

www.wakeupcopenhagen.com. Das Wakeup Hotel ist modern und funktional eingerichtet. Die Lage ist zentral, wenn auch nicht sonderlich lebendig. Eine logisch strukturierte Preisstaffelung macht das Buchen je nach Interessenlage möglich: Über die Zimmergröße und die Aussicht aus den Zimmern bestimmt man selbst. Ausgezeichnetes Preis-Leistungs-Verhältnis.

Hostels und Jugendherbergen

Alle Hostels und Jugendherbergen haben auch Doppelzimmer oder kleinere Mehrbettzimmer im Angebot. Angebenen ist hier jeweils die preisgünstigste Variante im großen Schlafsaal.

150 [B7] **Danhostel Copenhagen City** €, H.C. Andersens Boulevard 50, Buslinie 5A ab Hauptbahnhof oder ca. 900 m Fußweg, Tel. 33118585, www.danhos telcopenhagencity.dk, Schlafplatz im 10er-Zimmer ab 135 kr, Miete für Bettwäsche 60 kr oder eigene Bettwäsche, Schlafsäcke sind nicht zugelassen. Der

Besitz der Danhostel-Karte ist obligatorisch, sie kostet einmalig 70 kr. Mit über 1000 Schlafplätzen ist dieses direkt am Hafen gelegene Hochhaus-Hostel das größte Europas. Besonders attraktiv sind die zentrale Lage und die tolle Aussicht aus den oberen Stockwerken. Nach einem Besitzerwechsel 2011 ist nun auch das schnurlose Internet gratis. Frühstücksbuffet 74 kr. pro Person.

151 [C4] **Generator Hostel Copenhagen** €, Adelgade 5–7, Metro: Kongens Nytorv, von dort 5 Min. zu Fuß, Tel. 78775400, www.generatorhostels.com, im 8er-Zimmer ab 190 kr. Vom Flughafen aus erreicht man das zentral gelegene Generator Hostel ganz ohne umzusteigen mit der Metro in 20 Minuten. Das Hostel wurde 2011 eröffnet und die Inneneinrichtung ist gleichzeitig funktional und schick. Die Bettwäschenmiete und WLAN sind im Preis enthalten, Frühstück kostet extra.

152 [ck] **Sleep-In Heaven** €, Struenseegade 7, Buslinie 3A, 250S, Tel. 35354648, www.sleepinheaven.com, ab 140 kr im Mehrbettzimmer plus einmalig 40 kr für Bettwäsche (oder man bringt sie selber mit). Hier bettet man sich in einem alten Backsteingebäude, das an einer ruhigen Seitenstraße gelegen ist. Die Mehrbettzimmer sind teilweise ein bisschen eng, aber die Lage im lebendigen Nørrebro (20 Min. Fußweg ins Stadtzentrum), ein eigener Biergarten und die freundliche Atmosphäre gleichen das aus. WLAN kostenlos.

▷ *Die Wasserbusse im Hafen sind Bestandteil des regulären öffentlichen Nahverkehrs*

Verkehrsmittel

Öffentliche Verkehrsmittel

Die Vernetzung der unterschiedlichen öffentlichen Verkehrsmittel in Kopenhagen ist ausgezeichnet. Egal ob **Bus**, **Metro**, **S-Bahn** oder die **Wasserbusse** im Hafen, alle sind ausgesprochen zuverlässig, schnell und sauber. Das Umsteigen von einem Transportmittel in das nächste ist problemlos und die **Fahrscheine gelten übergreifend** – man muss also nicht erneut lösen, wenn man das Verkehrsmittel wechselt.

Fahrscheine erhält man an den Bahnhöfen und Metrostationen an Schaltern oder an Ticketautomaten. Für letztere gilt jedoch ebenso wie für den Fahrkartenkauf beim Busfahrer, dass man ausreichend **Münzen parat halten** sollte, da Geldscheine nicht angenommen werden. An den Automaten kann allerdings auch mit **Kreditkarte** bezahlt werden.

Der **Fahrpreis ist nach Zonen gestaffelt**. An allen Verkaufsstellen sind deshalb farbige Netzkarten ausgehängt, auf denen man die Anzahl der zu durchfahrenden Zonen ablesen kann. Es muss **mindestens für zwei Zonen** bezahlt werden, selbst wenn man sich nur innerhalb der gleichen Zone bewegt. Ein Einzelfahrschein für Erwachsene (ab 16 Jahren) kostet 24 kr, deckt zwei Zonen ab und reicht praktisch für alle Ziele im Stadtzentrum. Preiswerter ist die 10er-Karte, die sogenannte **Klippekort**, die jedoch vielleicht im Sommer 2014 abgeschafft werden soll. Hier einige Preisbeispiele:

❯ Einzelfahrkarte 2 Zonen: 24 kr, mit Klippekort: 15 kr, 60 Min. gültig
❯ Einzelfahrkarte 3 Zonen: 36 kr, mit Klippekort: 20 kr, 60 Min. gültig

> City Pass 24/72 Stunden: 75/190 kr (für unbegrenztes Fahren in den Zonen 1–4)
> 24-Stunden-Karte (24 timers billet): 130 kr (für unbegrenztes Fahren in allen Zonen)

Fahrscheine für Kinder (bis einschl. 15 Jahren) kosten **die Hälfte,** werden jedoch bei krummen Beträgen zum nächsten 5-Kronen-Schritt aufgerundet. Pro Erwachsenem können zwei Kinder unter 12 Jahren sogar **komplett kostenfrei** reisen. Fahren die Kids jedoch ohne Begleitung, wird auch für die unter 12 Jahren ein Kinderticket fällig.

Auch **in der Nacht** kommt der Großstadtverkehr nicht zum Erliegen, auch wenn die Intervalle natürlich länger werden. Die mit „N" gekennzeichneten Busse sind **Nachtbusse,** die ausschließlich im Zeitfenster zwischen 1 und 5 Uhr verkehren. Die voll automatisierten und somit fahrerlosen Metros bedienen die zwei vorhandenen Linien ohne Pause 24 Stunden am Tag.

> **www.rejseplanen.dk:** allgemeine Fahrplanauskunft für die Hauptstadt, verkehrsmittelübergreifend
> **www.dsb.dk:** Infos zur S-Bahn
> **www.moviatrafik.dk:** Website der Kopenhagener Verkehrsbetriebe mit Infos für Touristen (auf Englisch)
> **www.m.dk:** Infos zur Metro

Taxi

Besonders bequem ist natürlich der Transport per Taxi. Im gesamten Innenstadtbereich ist es zu keiner Tages- oder Nachtzeit ein Problem, am Straßenrand ein Taxi **heranzuwinken** – die Anzahl ist sehr groß. Preislich muss man nachts natürlich tiefer ins Portemonnaie greifen. Einige Eckwerte für herangewunkene Taxis, per

045kn Abb.: cmc/Ty Stange

Telefon herbeigerufene haben höhere Preise:

> **Startgebühr:** 24 kr, Wochenende 23–7 Uhr 40 kr
> **Kilometerpreis:** tagsüber 14 kr, abends/nachts 15 kr, am Wochenende 23–7 Uhr 18 kr
> **Wartezeit:** 7 kr pro Minute

Wer ein Taxi bestellen möchte, kann sich an die folgenden Unternehmen wenden:

> **Dantaxi,** www.dantaxi.dk, Tel. 70252525
> **Taxa 4x35,** www.taxa.dk, Tel. 35353535

Wetter und Reisezeit

Fällt der Begriff „Dänemark" als mögliches Reiseziel, so ist oftmals die Reaktion der „Unwissenden" vorprogrammiert: Sofort wird die arktische Kälte angeführt, die einen ja seit Jahren von einem Besuch abhält. Dabei ist es insbesondere am Öresund meist gar nicht so kalt, wenn auch windiger und etwas feuchter als in mitteleuropäischen Flachlandgefilden.

Die klassische Reisezeit in Dänemark ist sicherlich der **Sommer.** In der Zeit von Mai bis September besuchen mit Abstand die meisten Touristen das Land im Norden. Die Temperaturen sind angenehm und das Meer vor Kopenhagen lädt dann zum Baden und Schwimmen ein. Die Tage sind lang und das strahlende Nordlicht gibt dem Besucher die Energie für sportliche Betätigung oder Besuche der vielen Freiluftareale von Cafés, Restaurants und Kneipen.

Doch auch die kalte und dunkle Jahreszeit hat in Kopenhagen ihren Reiz. In der **Vorweihnachtszeit** ist es auch überhaupt nicht dunkel, da die Innenstadt rund um die Einkaufsmeile Strøget festlich illuminiert ist. Auch im Winter hat der Besucher die Möglichkeit zu vielerlei Aktivitäten wie Shopping, Museums-, Ausstellungs- und Konzertbesuchen. Jedoch sollte man dann natürlich **warme Winterkleidung** im Gepäck haben, da die Küstenwinde ganz schön beißend sein können. Und ein Bad im Meer ist dann nur den Hartgesottenen zu empfehlen.

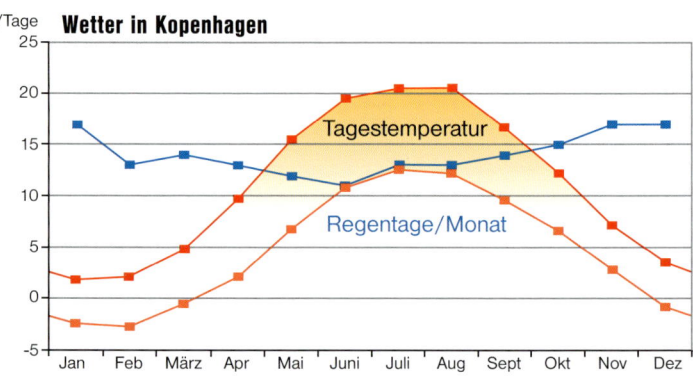

°C/Tage
Wetter in Kopenhagen

Tagestemperatur

Regentage/Monat

Anhang

Kleine Sprachhilfe Dänisch

Die Sprachhilfe entstammt dem Kauderwelsch-Sprechführer „Dänisch – Wort für Wort" aus dem REISE KNOW-HOW Verlag.

Aussprache

Hier sind diejenigen Buchstaben(kombinationen) aufgeführt, deren Aussprache abweichend vom Deutschen ist bzw. sein kann.

a	kurzes/langes „a" oder „ä"
å	kurzes/langes „o" wie in „doch" / „Hose"
æ	kurzes/langes „ä" wie in „Äste" / „zählen"
ø	kurzes/langes „ö" wie in „Hölle" / „hören"
y	kurzes/langes „ü" wie in „Müll" / „fühlen"
eg, ej, ig	wie „ai" in „Hai"
øj, øg	wie „oi"
øv	wie „öu" (zusammengezogen gesprochen)
eu, ev, äv	wie „äu", aber getrennt wie „Näh-Utensilien"
iv	wie „iu" (zusammengezogen gesprochen)
yv	wie „üu" (zusammengezogen gesprochen)
ov, og	„ou", wie „o" in englisch „go";
	in einer unbetonten Silbe wie „o"
ag	vor Mitlaut wie „au" in „Maul";
	vor Selbstlaut oder am Wortende „ä"
av	wie „au" in „Maul"
af	als Vorsilbe wie „au" in „Maul"
c	vor e, i, y, æ, ø stimmloses „s" in „Wasser"
	vor o, u, å wie „k" in „Kartoffel"
d	Nach g, l, n ist das d stumm.
	Zwischen zwei Selbstlauten oder nach einem Selbstlaut am Wortende hört es sich wie das weiche engl. „th" in „these" an.
g	zwischen Selbstlauten wie „w" nach o, u, å
	wie „j" nach a, e, i, y, æ, ø; vor l stumm
h	am Wortanfang vor j und v stumm
k, p, t	in der Silbenmitte wie g, b, d
r	nach Selbstlaut kaum hörbar wie in „sehr"
s	stimmlos wie „ss" in „Wasser"
v	wie „w" in „Wasser"
z	stimmloses „s" wie in „Wasser"

Die wichtigsten Richtungsangaben

til højre/venstre	till hoier/wänster	nach rechts/links
lige ud	lije uul	geradeaus
på den modsatte side	po den molsädde side	gegenüber
langt/i centrum	langt/i sentrum	weit/im Zentrum

+++ NEU: Die wichtigsten Wörter mit dem Bonus-Audiotrack des Kauderwelsch-

i nærheden	i närheden	in der Nähe
(lige) her/der	(lije) här där	(gleich) hier/dort
udenfor byen	ulenfor büün	außerhalb der Stadt
kryds/trafiklys	krüss/trafiglüüs	Kreuzung/Ampel
om hjørnet	om jörned	um die Ecke

Die wichtigsten Fragewörter

hvem?	wämm	wer?, wem?, wen?
hvad?	wäll	was?
hvordan?	wordän	wie?
hvor?	wor	wo?, wie?
hvorfra? – hvorhen?	worfra – worhän	woher? – wohin?
hvor meget/længe?	wormall/worlänge	wie viel?/wie lange?
hvorfor?	worfo	warum?
hvornår?	worno	wann?

Wochentage

mandag	*männdäj*	Montag
tirsdag	*tiirsdäj*	Dienstag
onsdag	*onsdäj*	Mittwoch
torsdag	*torsdäj*	Donnerstag
fredag	*fredäj*	Freitag
lørdag	*löördäj*	Samstag
søndag	*sönndäj*	Sonntag

Zahlen

0	nul	null	18	atten	äddn
1	en	een	19	nitten	niddn
2	to	to	20	tyve	tüwe
3	tre	tree	21	enogtyve	eenotüwe
4	fire	fier	22	toogtyve	tootüwe
5	fem	fem	23	treogtyve	treeotüwe
6	seks	sex	30	tredive	tralwe
7	syv	süu	40	fyrre	för
8	otte	ode	50	halvtreds	hälträs
9	ni	ni	60	tres	träs
10	ti	ti	70	halvfjerds	hälfjärs
11	elleve	elwe	80	firs	fiers
12	tolv	toll	90	halvfems	hälfäms
13	tretten	treddn	100	hundrede	hundrede
14	fjorten	fiordn	200	tohundrede	tohundrede
15	femten	femdn	1000	tusind	tusn
16	seksten	saisdn	2000	totusind	totusn
17	sytten	süddn	1 Mio.	en million	een million

Kleine Sprachhilfe Dänisch

Die wichtigsten Fragen

Findes der ...?	Gibt es ...?
finnes där	
Har du ...?	Haben Sie ...?
haar du	
Jeg leder efter ...	Ich suche ...
jai leder efter	
Jeg vil gerne have ...	Ich hätte gerne ...
jai will gerne häw	
Hvor kan man købe ...?	Wo kann man ... kaufen?
wor kä man köbe	
Hvad koster ...?	Wie viel kostet ...?
wä koster	
Hvor ligger / er ...?	Wo liegt / ist ...?
wor ligger / är	
Jeg vil til ...	Ich möchte nach ...
jai will till	
Hvor langt er der til ...?	Wie weit ist es bis nach ...?
wor langt är där till	
I hvilken retning ligger ...?	In welcher Richtung
i wilken rätning ligger	liegt ...?
Hvornår afgår færgen til ...?	Wann geht die Fähre nach ...?
wornor augor färwen till	
Findes der en toget til ...?	Gibt es einen Zug nach ...?
finnes där en towet till	

Die wichtigsten Floskeln

ja – nej	ja – nein
jä – nai	
tak – værsgod	danke – bitte
tak – wärsgo	
Det var så lidt!	Keine Ursache.
de war so litt	
God morgen! gomoorn	Guten Morgen!
Goddag! goddä	Guten Tag!
God aften! goafden	Guten Abend!
Farvel! farwell	Auf Wiedersehen!
Hvordan går det?	Wie geht's?
wordän gor de	
Det går. de gor	Es geht.
Tak, fint. tak fint	Danke, gut.

Kleine Sprachhilfe Dänisch

Udmærket. udmärked	Ausgezeichnet.
Hej! haj	Hallo!
Vi ses! wi sees	Bis bald!, Ciao!
Velbekomme! wälbekomme	Guten Appetit!
Skål! skool	Prost!
Jeg vil gerne betale. jai will gerne betäle	Ich möchte gern zahlen.
Til lykke med ... till lügge mel	Herzlichen Glückwunsch zu ...
Held og lykke! held og lügge	Viel Glück!
Undskyld! unsküld	Entschuldigung!
Det er jeg ked af! de är jai kelä	Das tut mir Leid!
Det er synd. de är sünd	Das ist schade.
Kan du hjælpe mig? kä du jälpe mai	Können Sie mir helfen?

Nichts verstanden? – Weiterlernen!

Det har jeg ikke forstået.
de har jai igge forsdoed
das habe ich nicht verstanden
Das habe ich nicht verstanden.

Det forstår jeg ikke.
de forstoor jai igge
das verstehe ich nicht
Das verstehe ich nicht.

Jeg taler kun lidt dansk.
jai täler kun litt dänsk
ich spreche nur etwas dänisch
Ich spreche nur ein bisschen Dänisch.

Hvad behager?
wäbehaar
was beliebt
Wie bitte?

Er der nogen, som taler tysk?
är der noen som täler tüsk
ist da jemand, der spricht deutsch
Spricht hier jemand Deutsch?

Hvad for noget?
wäforno-et
was für etwas
Wie bitte?

Vil du være så venlig at gentage?
will du wär so wännli ä gentäe
*willst du sein so freundlich
zu wiederholen*
Würden Sie bitte wiederholen?

En gang til!
een gang till
ein Mal noch

Noch einmal!

Weitere Titel für die Region von REISE KNOW-HOW

Dänisch
Wort für Wort

Roland Hoffmann
978-3-89416-051-7
128 Seiten
Band 43
Umschlagklappen mit Aussprachehilfen und wichtige Redewendungen, Wörterlisten
Dänisch – Deutsch, Deutsch – Dänisch
7,90 Euro [D]

AusspracheTrainer
Dänisch

Roland Hoffmann
978-3-8317-6077-0
Ca. 24 Min. Laufzeit
Die wichtigsten dänischen Vokabeln und Floskeln aus dem Reisealltag
Muttersprachler sprechen vor, mit Nachsprechpausen und Kontrollwiederholungen
7,90 Euro [D]

Im Kauderwelsch Sprachführer sind Grammatik und Aussprache einfach und schnell erklärt. Wort-für-Wort-Übersetzungen machen die Sprachstruktur verständlich und helfen, das Sprachsystem kennenzulernen. Die Kapitel sind nach Themen geordnet, um sich in verschiedenen Situationen zurechtfinden und verständigen zu können – vom ersten Gespräch bis zum Arztbesuch. In einer Wörterliste sind die wichtigsten Vokabeln alphabetisch einsortiert und ermöglichen so ein rasches Nachschlagen. Einige landeskundliche Hinweise runden diesen handlichen Sprachführer ab.

www.reise-know-how.de

Register

A

Amager 87
Amager Strand 96
Amagertorv 65
Amalienborg Museum
  (Amalienborgmuseet) 80
Amalienborg Slot 78
Andersen,
  Hans Christian 85, 86
Antiquitäten 18
An- und Rückreise 104
Apotheke 114
Arbeitermuseum
  (Arbejdermuseet) 38
Arzt 113
Assistens Kirkegård 102
Ausgehen 33
Auslandskrankenversicherung 113
Autofahren 105

B

Barrierefreies Reisen 107
Bars 33
Bauarbeiten 55
Benutzungshinweise 5
Besonderheiten 12
Bevölkerungsdichte 46
Blues Festival Copenhagen 15
Börse (Børsen) 72
Botanischer Garten
  (Botanisk Have) 83
Botschaft 108
Bus 105

C

Cafés 31
Carlsberg Brauerei
  (Carlsberg Bryggeri) 98
Christiania 92
Christiansborg Slot 68
Christianshavn 87
Cityringen 55
Copenhagen Card 13
Copenhagen Distortion 14
Copenhagen Marathon 13

Copenhagen Pride 15
Copenhagen Visitor Centre 110
CPH PIX 13

D

Dänen 54
Dänisch 120, 130
Dänische Krone 108
Dänische Nationalgalerie 83
Dannebrog 60
Dansk Jødisk Museum 39
Den Kongelige Bibliothek 72
Den Sorte Diamant 71
Design 21
Designmuseum 38
Det Kongelige Teater 75
Det Nationale Fotomuseum 41
Die drei Seen 101
Diplomatische Vertretungen 108
Discos 35

E

EC-Karte 109, 116
Einkaufen 17
Eintrittskarten 111
Eis 31
Elektrizität 108
Englisch 120
Entspannen 43
Erlöserkirche 91
Essen und Trinken 22
Experimentarium 38

F

Fælledparken 43
Fahrkarten 126
Fahrräder 52, 117
Feiertage 15
Feuerwehr 116
Flohmarkt 18, 22
Flottenmuseum 38
Flughafen 104
Folketing 70
Frauenkirche 63
Frederiksberg 98

Frederiksberg
Slot og Have 100
Frederikskirche
(Frederiks Kirke) 80
Freiheitsmuseum
(Frihetsmuseet) 39
Freistaat Christiania 92
Fremdenverkehrsamt 110

G
Galerien 42
Gastronomie 26
Geburtstag
der Königin 13
Geld 108
Geschichte 48
Glyptotek 59
Gråbrødretorv 64

H
Hafenrundfahrten 122
Havnebad
Islands Brygge 89
Heiliggeistkirche 64
Helligåndskirken 64
Hirschsprungsche Sammlung
(Hirschsprungske Samling) 39
Holmen 87
Homosexuelle 118
Hostels 125
Hotdog 74
Hotels 124

I
Immobilienmarkt 53
Indre By 58, 76
Informationsquellen 110
Ingels, Bjarke 90
Internet 112
Internetcafés 112
Internetseiten 111
Islands Brygge 88
Istedgade 98

J
Jazzfestival 14
Jüdisches Museum 39

Jugendherbergen 125
Julebryg 99
Jul i Tivoli 15

K
Karneval 13
Kastell (Kastellet) 84
Kastrup 104
Kaufhäuser 19
Kinder 114
Kleine Meerjungfrau 85
Klubs 35
Kneipen 33
Københavns Lufthavn 104
Københavns Museum 41
Kødbyen 36
Kongens Have 81
Kongens Nytorv 73
Königliche Bibliothek 71
Königlicher Garten 81
Königliches Theater 75
Königliches
Zeughausmuseum 39
Konzerte 37
Krankenhaus 114
Krankenwagen 116
Kreditkarte 109, 116
Kriegsschiffe auf Holmen 40
Kronjuwelen 82
Kultur 53
Kulturhavn 14
Kulturhuset Islands Brygge
(K-I-B) 90
Kulturnacht 15
Kunstgalerien 42
Kunsthalle
Schloss Charlottenborg
(Kunsthall Charlottenborg Slot) 40

L, M
Lesben 118
Lille Havfrue 85
Mærsk Mc-Kinney Møller,
Arnold 95
Maestrokarte 109, 116
Marmorkirche 80
Medien 112

Medizinische Versorgung 113
Meeresschwimmbad
  Islands Brygge 89
Meerjungfrau, Kleine 85
Menschen
  mit Behinderung 107
Metro-Ringlinie 55
Mietwagen 106
Mode 20
Museen 38

N
Nachtleben 33
Nationales Fotomuseum 41
Nationalflagge 60
Nationalmuseum
  (Nationalmuseet) 41
Noma 29
Nørrebro 98
Notfälle 116
Ny Carlsberg Glyptotek 59
Nyhavn 76

O
Observatorium 67
Öffentliche
  Verkehrsmittel 126
Öffnungszeiten 116
Oper (Operaen) 94
Öresund 46
Öresundbrücke 96
Orlogsmuseet 38
Ørstedsparken 43
Østerbro 98

P
Parken 105
Parks 43
Parlament 70
Peblinge Sø 101
Planetarium 101
Polizei 116
Pølsevogn 74
Post 117
Preise 108
Preisniveau 53
Publikationen 112

R
Radfahren 117
Radwegenetz 52
Rathausplatz
  (Rådhuspladsen) 60
Rathaus (Rådhus) 60
Rauchen 35
Reisezeit 128
Restaurants 26
Rød Pølse 74
Rosenborg Slot 81
Runder Turm 66
Rundetårn 66

S
Sankt Hans
  (Johannisnacht) 14
Sankt Jørgens Sø 101
Schauspielhaus 78
Schloss Amalienborg 78
Schloss Christiansborg 68
Schloss Frederiksberg
  und Park 100
Schloss Rosenborg 81
Schwarzer Diamant 71
Schwule 118
Shopping 17
Sicherheit 119
Skibene på Holmen 40
Skuespilhuset 78
Smoker's Guide 35
Sortedams Sø 101
Spartipps 110
Spermnotruf 116
Sprache 120
Sprachhilfe Dänisch 130
Stadtentwicklung 46, 55
Stadtgraben 90
Stadtmuseum 41
Stadtspaziergang 8
Stadttouren 120
Stadtviertel 46
Statens Museum for Kunst 83
Storchenbrunnen 66
Storm P. Museum 41
Strædet 17, 63
Strøget 17, 62

T

Tanken 107
Taxi 127
Telefonieren 123
Termine 12
Theater 37
Theatermuseum 70
Thorvaldsens Museum 67
Tickets 111
Tivoli 58
Tøjhusmuseet 39
Torvehallerne 20
Tourismus 54
Touristeninformation 110
Träumen 43
Trinkgeld 28
Tycho Brahe
    Planetarium 101

U, V

Unterkunft 123
Vegetarische Küche 30
Veranstaltungen 12
Verkehrsmittel 51, 126
Verkehrsregeln 106
Verwaltung 46
Vesterbro 98
Visit Denmark 110
Vor Frelsers Kirke 91
Vor Frue Kirke 63
Vorwahlen 123

W

Wechselkurs 109
Wechselstuben 109
Weihnachtsbier 99
Wetter 128
Winterjazz 15
WLAN 31, 112

Z

Zahnarzt 114
Zoo Kopenhagen
    (Zoologisk Have) 100
Zoologisches Museum
    (Zoologisk Museum) 42
Zug 105

Der Autor

Schon in seinen Kindertagen reiste **Lars Dörenmeier** alljährlich mit seinen Eltern nach Dänemark, gewann dänische Freunde beim Angeln und Fußballspielen und lernte Dänisch. Studentenjobs auf dänischen Ostseefähren und unzählige Besuche in Kopenhagen folgten. Noch heute ist er zwei bis drei Mal pro Jahr in der dänischen Kapitale und erkundet dabei auch die abgelegenen Ecken der Stadt. Wenn er mal nicht vor Ort ist, halten ihn seine dänischen Freunde über die neuesten Entwicklungen auf dem Laufenden.

Als freier Journalist, Fotograf und Reiseleiter bereist er neben dem Norden und Westen Europas auch den asiatischen Kontinent mit Schwerpunkt Südostasien. Der gebürtige Ostwestfale lebt heute in Berlin.

Schreiben Sie uns

Dieser CityTrip-Band ist gespickt mit Adressen, Preisen, Tipps und Infos. Nur vor Ort kann überprüft werden, was noch stimmt, was sich verändert hat, ob Preise gestiegen oder gefallen sind, ob ein Hotel, ein Restaurant immer noch empfehlenswert ist oder nicht mehr usw. Unsere Autoren sind zwar stetig unterwegs und erstellen alle zwei Jahre eine komplette Aktualisierung, aber auf die Mithilfe von Reisenden können sie nicht verzichten.

Darum: Schreiben Sie uns, was sich geändert hat, was besser sein könnte, was gestrichen bzw. ergänzt werden soll. Wenn sich die Infos direkt auf das Buch beziehen, würde die Seitenangabe uns die Arbeit sehr erleichtern. Gut verwertbare Informationen belohnt der Verlag mit einem Sprechführer Ihrer Wahl aus der über 220 Bände umfassenden Reihe „Kauderwelsch".

Bitte schreiben Sie an:

REISE KNOW-HOW Verlag Peter Rump GmbH, Postfach 140666, D-33626 Bielefeld, oder per E-Mail an: info@reise-know-how.de

Danke!

Liste der Karteneinträge

➊ [A6] Tivoli S. 58
➋ [B6] Ny Carlsberg Glyptotek S. 59
➌ [A5] Rathaus und Rathausplatz S. 60
➍ [B5] Strøget S. 62
➎ [B4] Frauenkirche S. 63
➏ [B5] Heiliggeistkirche S. 64
➐ [B4] Gråbrødretorv S. 64
➑ [C5] Amagertorv S. 65
➒ [B4] Runder Turm S. 66
➓ [C5] Thorvaldsens Museum S. 67
⓫ [C5] Schloss Christiansborg S. 68
⓬ [C6] Den Sorte Diamant (Der Schwarze Diamant) S. 71
⓭ [C6] Börse S. 72
⓮ [D4] Kongens Nytorv S. 73
⓯ [D4] Königliches Theater S. 75
⓰ [D4] Nyhavn S. 76
⓱ [E4] Schauspielhaus S. 78
⓲ [E3] Schloss Amalienborg S. 78
⓳ [D3] Frederikskirche/ Marmorkirche S. 80
⓴ [C3] Schloss Rosenborg und Königlicher Garten S. 81
㉑ [B2] Botanischer Garten S. 83
㉒ [C2] Dänische Nationalgalerie S. 83
㉓ [E1] Kastell S. 84
㉔ [F1] Kleine Meerjungfrau S. 85
㉕ [fn] Islands Brygge S. 88
㉖ [D7] Stadtgraben (Stadsgraven) S. 90
㉗ [E6] Erlöserkirche S. 91
㉘ [F6] Freistaat Christiania S. 92
㉙ [F4] Oper S. 94
㉛ [cn] Istedgade S. 98
㉜ [bn] Carlsberg Brauerei S. 98
㉝ [am] Schloss Frederiksberg und Park S. 100
㉞ [am] Zoo Kopenhagen S. 100
㉟ [dm] Tycho Brahe Planetarium S. 101
㊱ [dk] Die drei Seen S. 101
㊲ [cj] Assistens Kirkegård S. 102

Liste der Karteneinträge

❶1 [bk] Meyers Deli S. 16
❷2 [cm] Meyers Deli S. 16
❸3 [dk] Café Gavlen S. 18
❹4 [cn] Enghave Konditori S. 19
❺5 [C5] Illum S. 20
❻6 [D5] Magasin du Nord S. 20
❼7 [A3] Torvehallerne S. 20
❽8 [dk] Dico S. 21
❾9 [dk] Frederiksen S. 21
❿10 [C4] Malene Birger S. 21
⓫11 [dk] Mélange de Luxe S. 21
⓬12 [C4] Saint Tropez S. 21
⓭13 [A5] Samsøe & Samsøe S. 21
⓮14 [dk] Stig P S. 21
⓯15 [B5] Vila S. 21
⓰16 [C5] Georg Jensen S. 21
⓱17 [C5] Illums Bolighus S. 21
⓲18 [C5] Royal Copenhagen S. 21
20 [bl] Frederiksberg
Loppemarked S. 22
21 [cj] Nørrebro Loppemarked S. 22
22 [B4] Café Dalle Valle S. 27
23 [C4] Green Sushi S. 27
24 [A5] Halifax
Burger Restaurant S. 27
25 [dm] LeLe Nha Hang S. 27
26 [D4] Mash S. 27
27 [dn] Mother S. 27
28 [dk] Nørrebro Bryghus S. 28
29 [dk] Tappasfabrikken S. 28
30 [B1] Aamanns Smørrebrød S. 28
31 [D2] BioM S. 28
32 [B3] Brdr. Price S. 28
33 [D3] Ida Davidsen S. 29
34 [E5] Noma S. 29
35 [D3] Madklubben S. 30
36 [C4] 42° Raw S. 30
37 [cj] Grød Bar S. 30
38 [F6] Morgenstedet S. 30
39 [hn] Organic Corner S. 31
40 [A3] Bankeråt S. 31
41 [C4] Café Hovedtelegrafen S. 31
42 [dm] Café Obelix S. 31
43 [B4] Paradis S. 31
44 [D4] Paradis S. 31
45 [E6] Café Oven Vande S. 32
46 [C4] Café Sommersko S. 32

47 [E6] Christianshavns
Bådudlejning & Café S. 32
48 [B5] Conditori La Glace S. 33
49 [D4] FIAT S. 33
50 [dj] Sebastopol S. 33
51 [cn] Bang & Jensen S. 33
52 [A5] Heidi's Bier Bar S. 33
53 [dn] Karriere Bar S. 34
54 [dk] Kassen S. 34
55 [cm] Kung Fu Bar S. 34
56 [dn] Malbeck vinbar S. 34
57 [cn] McKluud S. 34
58 [dj] Mexibar S. 34
59 [dk] Ølbaren S. 34
60 [cn] Riesen Bar S. 35
61 [B5] Ruby Bar S. 35
62 [em] The Library Bar S. 35
63 [dn] Bakken (i Kødbyen) S. 35
64 [D3] Culture Box S. 35
65 [ci] Drone Bar S. 35
66 [A3] Isola S. 36
68 [dj] Rust S. 36
69 [cn] Vega S. 36
70 [C4] Zoo Bar S. 36
71 [C4] Jazzhus Montmartre S. 37
73 [A5] Pumpehuset S. 37
74 [A6] Tivolis Konzertsaal S. 37
75 [A3] Arbeitermuseum
(Arbejdermuseet) S. 38
76 [E3] Designmuseum S. 38
78 [E6] Flottenmuseum
(Orlogsmuseet) S. 38
79 [E2] Freiheitsmuseum
(Frihetsmuseet) S. 39
80 [C2] Hirschsprungsche
Sammlung (Hirschsprungske
Samling) S. 39
81 [C6] Jüdisches Museum
(Dansk Jødisk Museum) S. 39
82 [C6] Königliches
Zeughausmuseum
(Tøjhusmuseet) S. 39
83 [G2] Kriegsschiffe auf Holmen
(Skibene på Holmen) S. 40
84 [D4] Kunsthalle Schloss
Charlottenborg (Kunsthall
Charlottenborg Slot) S. 40

🏛85 [B6] Nationalmuseum
(Nationalmuseet) S. 41
🏛86 [dm] Stadtmuseum
(Københavns Museum) S. 41
🏛87 [bm] Storm P. Museum S. 41
🏛88 [di] Zoologisches Museum
(Zoologisk Museum) S. 42
🎦89 [D1] Den Frie
Udstillingsbygningen S. 42
🎦90 [bn] Fotografisk Center S. 42
🎦91 [dn] Øksnehallen S. 42
🎦92 [D6] S. 42
🎦93 [dn] V1 Gallery S. 42
●94 [ei] Fælledparken S. 43
●95 [A4] Ørstedsparken S. 44
◒96 [di] Café Pavillonen S. 44
◒97 [A4] Café Hacienda S. 44
🅰98 [D4] Døgnkiosk S. 77
🆂99 [B7] Havnebad
Islands Brygge S. 89
🍴100 [fn] Bryggens Spisehus S. 89
●101 [fn] Kulturhuset
Islands Brygge (K-I-B) S. 90
◔102 [F6] Café Nemoland S. 93
🅰103 [F6] Christiania Smedie S. 93
🅿104 [B7] Europark Nykredit S. 106
🅿105 [C4] Parkhaus Gammel
Mønt S. 106
🅿106 [A3] Qpark S. 106
●107 [C1] Botschaft der Bundesrepublik
Deutschland S. 108
●109 [E4] Schweizer Botschaft S. 108
●110 [em] Forex Hauptbahnhof S. 109
●111 [B3] Forex S. 110
●112 [B5] Money Exchange S. 110
ℹ113 [em] Copenhagen
Visitor Centre S. 110
ℹ114 [em] DSB Rejsecenter S. 111
➕117 [ak] Frederiksberg Hospital S. 114
➕118 [D1] Tandlægevagten
(zahnärztlicher Notdienst) S. 114
➕120 [dm] Steno Apotek S. 114
●121 [dm] Københavns Politi/
Station City S. 116
✉122 [em] Posthus – Københavns
hovedbanegård S. 117
●123 [el] Baisikeli Bike Rental S. 118

●124 [A3] Københavns Cykelbørs S. 118
●125 [B4] Pedal Atleten S. 118
🕚126 [bm] Café Intime S. 119
🕚127 [B5] Centralhjørnet S. 119
🕚128 [B5] Club Christopher S. 119
🕚129 [B5] Oscar Bar – Cafe S. 119
🕚130 [dm] Vela Gay Club S. 119
●131 [E6] Christiania
Rundvisning S. 120
●132 [el] Bike Mike Tours S. 121
●134 [C4] Segway Tours S. 121
●135 [B5] Tours Cph S. 122
●137 [D4] DFDS Canal Tours S. 123
●138 [C5] DFDS Canal Tours S. 123
●139 [C5] Netto-Bådene S. 123
●140 [D4] Netto-Bådene S. 123
🏨141 [dm] Absalon Hotel S. 124
🏨142 [A7] Cabinn City S. 124
🏨143 [E5] Hotel Bethel
Sømandshjem S. 124
🏨144 [D5] Hotel Maritime S. 124
🏨145 [A3] Hotel Windsor S. 124
🏨146 [A3] Ibsens Hotel S. 124
🏨147 [dm] Omena Hotel S. 124
🏨148 [A5] The Square S. 125
🏨149 [en] Wakeup Hotel
Copenhagen S. 125
🛏150 [B7] Danhostel
Copenhagen City S. 125
🛏151 [C4] Generator Hostel
Copenhagen S. 126
🛏152 [ck] Sleep-In Heaven S. 126

Hier nicht aufgeführte Nummern
liegen außerhalb der abgebildeten Karten. Ihre Lage kann aber wie bei allen
Ortsmarken im Buch mithilfe unserer
Kartenansichten unter Google Maps™
gefunden werden (s. S. 144).

Mit PC, Smartphone & Co.

Unsere **kostenlosen Begleitservices**
unter **www.reise-know-how.de**
(auf der Produktseite dieses Titels):

★ **Alle Ortsmarken des Buches unter
Google Maps™:** Springen Sie im Internet direkt aus unseren thematischen
Listen an den genauen Punkt auf der
Karte. Luftbildansichten, Fotos und
die Streetview-Funktion zeigen ein
genaues Bild des Objektes und seiner Umgebung. Weitere Funktionen
wie Routenplaner und Verkehrsplan
erleichtern die Orientierung vor Ort.

★ Smartphone-Nutzern empfiehlt sich
der direkte Aufruf dieses Online-Kartenservices als Web-App unter:
http://ct-kopenhagen14.reise-know-how.de

★ **Faltplan als PDF mit Geodaten:** Nach
dem Speichern auch mobil nutzbar
auf allen Geräten mit PDF-Reader.
Der aktuelle Acrobat Reader™ stellt
Zusatzfunktionen für die Geodaten
bereit. Für iPhone/iPad empfiehlt sich
die App „PDF Maps" von Avenza™.

★ **GPS-Daten aller Ortsmarken:**
einfacher Import in GPS-Geräte,
Navis und Geosoftware auf PCs und
mobilen Geräten

★ **Kapitel „Praktische Reisetipps" als
kostenloses PDF:** Nach dem Speichern
auch mobil nutzbar auf allen Geräten
mit PDF-Reader. Darüber hinaus kann
das Buch insgesamt oder eine persönliche **Auswahl einzelner Seiten als PDF
käuflich erworben** werden.

★ **NEU** ★ **CityTrip als App:**
Installieren Sie den **Reise
Know-How Guide Store** aus
dem iTunes Store bzw. Google
Play Store und erwerben Sie buchbegleitende CityTrip-Apps mit vielen nützlichen
Funktionen für die mobile Nutzung.

Zeichenerklärung

❶	Sehenswürdigkeit
✚ ✚	Arzt, Apotheke, Krankenhaus
❶	Bar, Bistro, Klub, Treffpunkt
🕮	Bibliothek
◔	Kneipe, Biergarten
◖	Café
🕆	Denkmal
📷	Galerie
🛍	Geschäft, Kaufhaus, Markt
🏨	Hotel, Unterkunft
❶	Imbiss
❶	Informationsstelle
🏢	Jugendherberge, Hostel
⛪ ✟	Kirche
🏛	Museum
❺	Musikszene, Disco
🅿 🅿	Parken
☎	Pension
✉ ✆	Postamt
➤	Polizei
🍴	Restaurant
•	Sonstiges
🆂	Sporteinrichtung
◖ 🎭	Theater
❷	vegetarisches Restaurant
❶	Weinlokal, Weinstube
🆂	S-tog (S-Bahn)
Ⓤ	Metro
▬▬	Stadtspaziergang
⬭	Shoppingareale
⬭	Gastro- und Nightlife-Areale

Bewertung der Sehenswürdigkeiten

★★★	auf keinen Fall verpassen
★★	besonders sehenswert
★	wichtige Sehenswürdigkeit für speziell interessierte Besucher